多元视域下的
农村脱贫与发展工作探究

◎周 翠 著

中国纺织出版社有限公司

内 容 提 要

贫困问题不仅是经济问题，还是涉及全球政治稳定、人类文明进步发展的综合性问题。虽然我国已经消除了绝对贫困，但是扶贫脱贫工作依旧不能停止，扶贫的道路上还有许多任务需要完成。鉴于此，本书从新农村建设中贫困地区农民主体意识、产业精准扶贫、旅游扶贫、教育扶贫和数字科技扶贫多个角度深入探讨了我国农村脱贫与发展工作，旨在为读者展示当前我国扶贫脱贫工作的现状与发展，并适当提出相关建议，为我国的扶贫脱贫工作做出些许贡献。本书适合相关领域的工作者参考阅读。

图书在版编目（CIP）数据

多元视域下的农村脱贫与发展工作探究 / 周翠著
. -- 北京 : 中国纺织出版社有限公司，2021.11
ISBN 978-7-5180-8614-6

Ⅰ. ①多… Ⅱ. ①周… Ⅲ. ①农村－扶贫－研究－中国 Ⅳ. ① F323.8

中国版本图书馆 CIP 数据核字（2021）第 108275 号

责任编辑：王　慧　　责任校对：高　涵　　责任印制：储志伟

中国纺织出版社有限公司出版发行
地址：北京市朝阳区百子湾东里 A407 号楼　邮政编码：100124
销售电话：010—67004422　传真：010—87155801
http://www.c-textilep.com
中国纺织出版社天猫旗舰店
官方微博 http://weibo.com/2119887771
三河市延风印装有限公司印刷　各地新华书店经销
2021 年 11 月第 1 版第 1 次印刷
开本：710×1000　1/16　印张：7.75
字数：105 千字　定价：59.00 元

前　言

当今世界面临着许多重大挑战，全球性的贫困问题便是其中之一。在世界和平与发展的潮流中，贫困问题一方面影响着各个国家尤其是发展中国家的发展，另一方面导致了各个国家尤其是发展中国家和地区的矛盾和冲突，同时也始终影响着发达国家的经济发展和社会政治的稳定。

贫困问题不仅是一个经济问题，还是一个涉及全球政治稳定、人类文明进步发展的综合性问题，2030 年零饥饿可持续发展目标的实现还存在巨大挑战。目前，我国虽然已经消除绝对贫困，但是扶贫脱贫工作依旧不能停止，需要进一步巩固拓展脱贫攻坚成果。

本书共分为六章。第一章主要论述了我国扶贫脱贫的历史进展与趋向；第二章从农民主体及其主体意识的角度出发，分析了新农村建设视角下农民主体意识的现状、原因以及提升途径；第三章基于产业精准扶贫视角，分析了产业精准扶贫的模式，并针对扶贫的后续发展提出了相关建议；第四章基于旅游扶贫视角，围绕乡村旅游在农村扶贫脱贫工作中的作用展开讨论，并提出了可持续发展的措施和建议；第五章基于教育扶贫视角，讨论了如何利用教育扶贫提高农村教育教学水平，以达到继续扶贫的目的；第六章则基于数字科技扶贫视角，围绕当今热门的信息技术在扶贫脱贫工作中的作用进行了分析与讨论。

当前，我国处于脱贫攻坚全面胜利时期，但是消除绝对贫困绝不表示我国的脱贫扶贫工作彻底结束了，接下来还需要做好巩固脱贫攻坚成果与乡村振兴有效衔接。希望本书的研究能够为我国的扶贫脱贫工作做出些许贡献。

周　翠

2021 年 2 月

目　录

第一章　我国扶贫脱贫的历史进展与趋向

在精准扶贫、精准脱贫的战略背景下，应当从经济发展、政治稳定、社会秩序等多个角度来梳理与探讨扶贫脱贫的历史进展和演变规律，厘清经济发展、政治社会稳定与扶贫脱贫的关联程度和机制，并结合习近平总书记关于扶贫工作的重要论述，对我国脱贫攻坚全面胜利后的扶贫工作发展趋势进行分析。

第一节　经济发展与扶贫脱贫

以经济发展促进贫困地区扶贫开发和贫困农民脱贫致富，是中国加快减贫进程的基本动力，也是中国减贫的基本经验。改革开放以来，中国的减贫成果是在经济持续快速增长的背景下通过有组织、有计划、大规模的扶贫开发取得的，其基本的运行机制是体制、政策因素的外在推动。中国的扶贫事业坚持以开发式扶贫为主的方针，即坚持“以开发促扶贫”“以开发促发展”的工作思路[1]，强化经济要素的主导性和带动性。习近平总书记曾在2015减贫与发展高层论坛上提出：“我们坚持改

[1] 中国发展研究基金会：《在发展中消除贫困》，北京：中国发展出版社，2007.

革开放，保持经济快速增长，不断出台有利于贫困地区和贫困人口发展的政策，为大规模减贫奠定了基础、提供了条件”[1]。这是中国扶贫工作的基本历史经验之一，并经受了实践的检验。开发式扶贫的基本思路是，调整以直接的生活救济为导向的扶贫方式，实现扶贫脱贫与经济发展之间的有效连接，以利益为纽带，以发展为目标，增强贫困人口的脱贫主动性，通过发展生产、扩大就业和增加收入来缓解或消除贫困，提升贫困人口的自我发展能力。

有关经济发展与减贫关系的讨论往往被放在经济增长的话语体系下。经济发展与减贫的关系可以细分为两个层面：一是经济增长与减贫的关系，着重于收入水平与减贫的关系，一般以收入增长与减贫的关系来呈现；二是基于经济增长的质量和性质等，着眼于收入分配状况与减贫的关系，一般以收入差距或不平等状况与减贫的关系来呈现。已有研究主要有两种代表性观点：一种观点是经济增长的减贫效应具有普适性和自发性，即经济增长能够使包括穷人在内的所有人受益，进而达到绝对地减少贫困甚至消除贫困，这也被称为经济增长的“涓流效应”；另一种观点是经济增长的减贫效应具有不确定性，经济增长如果不能使所有人尤其是贫困者平等受益，反而会导致贫困恶化，经济增长的“涓流效应”也会受到经济环境、文化习俗、制度安排等多重因素的影响。这两种观点在一定程度上意味着从不同历史时段来考察经济增长对贫困减少的影响，或者从不同维度和评判指标来探究经济增长的减贫效应。

运用《中国统计年鉴》《中国农村统计年鉴》《中国农村贫困监测报告》的全国性、分年度的宏观数据，并以国定贫困线标准为分析基点，对改革开放以来经济增长的减贫效应进行数据分析和理论解释可以发现，经济增长对减贫的贡献是显著的。但是，在不同的贫困线下，在不同的时间段，对于不同的区域和不同收入水平的人群而言，经济增长

[1] 中共中央党史和文献研究院：《习近平扶贫论述摘编》，北京：中央文献出版社，2018.

对减贫的贡献程度存在着明显的差异，而且，城乡之间、农村内部的收入差距或收入不平等状况的恶化又消解了经济增长的质量和性质，进而抵消或弱化了经济增长的减贫效应。

除此之外，应立足于农村和农民尤其是贫困地区和农民的主位立场和视角，梳理、解释与分析经济发展对减贫的影响机理和脉络，挖掘经济发展与减贫的关联方式和机制。

一是农村经济活力得到极大激发、自主性日益增强，是经济发展的减贫效应实现的最重要的内在动力。家庭联产承包责任制的实施极大地解放了农村生产力，增强了农民发展生产和脱贫致富的动力。农民在农业生产和经营管理上的决策权、收益权和相关权益得到了政策的支持和法律的保护，从而拥有了对生产资料、生产过程、农产品等的控制权和支配权。这些都强化了经济发展的减贫效应，使得改革开放以后逐渐加速的经济增长能够辐射到农村和农民，使其共享或者较大程度地享受经济发展的成果。

二是非农就业和社会流动扩展了农民的经济自由度、优化了农户的收入结构，是经济发展的减贫效应实现的最重要的外部推力。在现代化和工业化进程中，农业在三次产业中的边际经济效益是最低的。为了拓展收入来源并优化收入结构，乡镇企业开始异军突起，非农收入逐步成为农民收入的重要来源，并成为农村减贫的新动力。[1]与此同时，随着城市化进程的加快，农民开始大规模进城务工，其收入结构进一步优化，收入水平进一步提高。非农收入对农民收入增长的贡献率不断提升。可见，逐步放开并鼓励农民非农就业和社会流动，赋予农民经济活动的自主性，增强农民的可行能力，是经济发展的减贫效应的重要实现路径。

三是城乡居民之间、农村居民内部收入不平等的双重恶化，是经济发展的减贫效应实现的最主要的阻力和障碍。总体上看，城乡居民之

[1] 李小云，马洁文，唐丽霞，等：《关于中国减贫经验国际化的讨论》，中国农业大学学报（社会科学版），2016（5）：18-29.

间、农村居民内部的收入差距和贫富差距不断加大，经济社会分化呈现扩大趋势，收入和社会不平等程度也日益增大。这就对经济发展的减贫效应构成了反向作用，极大地减缓甚至部分抵消了经济增长的涓流效应和益贫效果，成为国家对扶贫脱贫战略和政策体系进行重大调整的内在动因。

第二节　政治社会稳定与扶贫脱贫

毫无疑问，贫困首先是经济意义上和物质层面的，从而使得经济发展与贫困和减贫具有高度的相关性。与此同时，贫困也具有政治社会意涵。对贫困人口而言，政治社会层面的致贫因素比经济层面的致贫因素更不易消除，这就导致政治稳定、社会秩序与贫困和减贫之间也存在很强的关联性。笔者着重从政治社会体制对减贫的支撑、作为一种政治社会稳定机制的减贫、农民致贫的政治社会因素三个方面对政治社会稳定与减贫的关联做出解析。

一、政治社会体制对减贫的支撑

政治社会稳定对减贫的影响，首先表现在政治社会体制为减贫创造的支撑环境和条件上。一个稳定的政治体制、有序的社会环境和良好的治理格局，自然而然的对以改善民众生活福祉为中心的减贫进程产生促进作用。鉴于国家转型和社会转变，贫困和贫困者与政治社会体制之间的关联度越来越高，而减贫很大程度上也逐渐成为现代国家的基本职能和现代社会的重要责任。为此，国家和社会应当将减贫事业从个体、社区、地方层次提升到更高层面，将之转化为国家行为和社会行动。

事实上，政治社会体制对减贫的支撑及其相应的实现机制，正是中国的减贫效果如此显著、减贫进程如此快速的重要动因之一，亦是中国改革开放以来减贫经验的核心要点之一。从全球减贫进程来看，一个国家和地区的减贫进程很大程度上取决于该国家和地区的政治社会稳定程度，以及该国家能否从政治责任高度和发展战略层面构建减贫的政策体系和行动框架。处于战争、动乱等状态或面临这些风险以及具有不稳定政治体制的国家和地区，往往在减贫行动中毫无起色甚至可能引发更大面积、更高程度的贫困。对于中国而言，改革开放以来，不管是政治运转还是社会运行，基本上都保持着一种稳定、有序的状态。在这种有利的政治社会状态下，中国逐渐形成了专项扶贫、行业扶贫、社会扶贫三位一体和政府、市场、社会协同推进的大扶贫开发格局。这一扶贫开发格局强调专项扶贫、行业扶贫、社会扶贫三种扶贫类型和政府、市场、社会三方扶贫力量在扶贫战略、策略、政策等多个层面的相向而行、协同推进，由此就形成了政府主导型扶贫、市场导向型扶贫和社会参与型扶贫三种扶贫机制的多元协同架构。[1]2018年6月，习近平总书记曾对脱贫攻坚工作作出重要指示："调动社会各界参与脱贫攻坚的积极性，实现政府、市场、社会互动和行业扶贫、专项扶贫、社会扶贫联动"[2]。

实质上，政治社会体制对减贫的支撑很大程度上源于中国减贫进程中所具有并得到运用的政治优势和制度优势。在脱贫攻坚的背景下，中国扶贫脱贫的政治优势和制度优势集中体现在以下体制机制上，即脱贫攻坚党政一把手负责制、省市县乡村五级书记一起抓的工作格局和"中央统筹、省负总责、市县抓落实"的管理体制，自上而下层层签订责任书和军令状、以扶贫脱贫为中心的干部考核奖惩制度，定期或不定期的党政系统内部或第三方督查巡查评估制度，集中力量办大事的工作机制等。而在社会体制机制层面，有三点是值得探讨的：一是扶贫济困的历史传统。这种传统具有较强的伸缩性或张力，可以局限在以血缘和姻缘为基础的家族、宗族、亲族，也可以扩展到血缘与地缘合一的社区或地方共同体，还可以拓展到非人格化的社会和国家。事实上，中国在救助、救济、慈善等公共事务领域一直存在着官方与民间合作、官治与民

[1] 李海金，罗忆源：《连片特困地区扶贫开发的战略创新——以武陵山区为例》，中州学刊，2015（12）：78-83.

[2] 《真抓实干埋头苦干万众一心 夺取脱贫攻坚战全面胜利》，人民日报，2018-6-12.

治互动的历史传统和文化底蕴。二是政府的社会动员能力。自20世纪以来，伴随着国家政权建设，政党和政府等政治力量对社会的渗透和动员程度、深度不断强化，以至于形成了动员型体制和动员式参与。当然，政府超强的社会动员能力也为政府治理带来了更丰富的外部资源，取得了更大的治理绩效。三是多元化、网状化的贫困治理格局。鉴于贫困问题的历史性、复杂性和多样性，贫困治理在主体、资源、工具、结构等方面除了保持政府主导的特点之外，还需要社会各方面力量和资源的参与和支持。

在实践层面，政府在中国农村减贫中发挥着决定性的作用，政府主导是中国减贫最重要的特点和经验之一。其具体表现和实现机制主要有：通过建立扶贫领导和协调组织体系，将扶贫整合到国家的经济社会发展计划之中，使扶贫成为政府工作的重要内容，保证了扶贫所需要的组织支持；政府利用其行政体系和资源，动员和安排扶贫资源，保证了必要的扶贫投入；政府根据扶贫的需要，调整相关政策或制定必要的法规和制度，为扶贫工作的有序开展提供了制度保障。政府主导型扶贫集中体现在扶贫资金投入上，《国家八七扶贫攻坚计划》实施以来，国家一直在推行有组织、有计划、大规模的扶贫开发行动，国家层面的扶贫资金投入也不断增长。

除了政府主导扶贫之外，政府对社会的动员能力和资源调动能力也很强，从而形成了社会参与扶贫的局面以及政府与社会合力推进扶贫的工作格局。在政策和实践层面，扶贫开发工作不只是扶贫部门的一项专门工作，而是牵涉各级各类政府职能部门的一项系统工程；扶贫开发事业不仅是国家和政府的一项政治任务，也是企业组织、社会组织等共同参与和支持的一项全社会的大事业；扶贫开发格局不仅仅是政府一元化、单向度的治理体系，更是包容定点帮扶单位、东西扶贫协作机构、社会组织、民营企业、公民个人等的统合型治理结构。自1986年以来，社会扶贫一直是我国扶贫脱贫的重要力量。经过长期实践，已初步探索出一条具有中国特色的社会扶贫动员机制和多元扶贫主体共同参与的运行体系。在新一轮精准扶贫进程中，社会参与型扶贫将成为脱贫攻坚的一大亮点和扶贫脱贫机制创新的重点领域之一。当然，在国家治理体系和治理能力的现代化进程中，也亟须将社会治理视角、理念和资源引入减贫领域，拓展减贫事务的活动范围和运作空间，构建可持续减贫的整体框架和稳定脱贫的长效机制。

二、作为一种政治社会稳定机制的减贫

当前，中国虽然已经消除了绝对贫困，但是相对贫困还会长期存在。因此，扶贫开发工作就不能仅仅满足于改善不利于人生存的自然环境或解决温饱问题，还应关注人的发展权和社会的公平正义。减贫不仅具有经济功能，还具有很强的政治社会功能，它对于政治稳定和社会安定有着不可或缺的安全阀和稳定器的作用。中国的贫困问题在区域分布上存在着明显的地区差异和城乡差异，农村贫困比城市贫困严重得多，西部地区、中部地区与东部地区之间的整体发展差距也很大。基于资源禀赋、发展条件的差异以及发展战略的影响，沿海地区与中西部相对贫困落后地区在发展水平和速度上存在着显著差异。从贫困类型上看，区域性贫困也成为当下农村贫困的主要类型之一。尽管贫困人口在逐年减少，但贫困特征没有发生较大变化，贫困人口分布呈现明显的地缘性特征。贫困人口仍主要集中分布在以地理环境险恶、生态环境脆弱、少数民族聚居、经济基础薄弱、基础设施落后为基本特征的连片特困地区，这些地区大多地处省际交会地带，生态脆弱、贫困面广、贫困程度深、脱贫难度大。在当下脱贫攻坚进入冲刺阶段后，深度贫困地区和深度贫困问题仍很突出，成为扶贫脱贫的短板和瓶颈。国家层面的深度贫困地区的主要特征是集革命老区、民族地区、边疆地区于一体，主要集中在“三区”“三州”和“三类人”。“三区”是指西藏、新疆南疆四地州和四省藏区；“三州”是指甘肃临夏州、四川凉山州和云南怒江州；“三类人”是指因病致贫人群、因灾和市场行情变化返贫人员以及贫困老人。深度贫困地区和深度贫困问题在属性上可归入整体性贫困和区域性贫困，往往与多维贫困、贫困人口内生动力、贫困代际传递、文化贫困、贫困心理等扶贫脱贫的关键挑战和核心论题具有高度的关联。鉴于

深度贫困地区和深度贫困问题的区位特性、政治社会属性及其应对策略，深度贫困地区的扶贫脱贫工作与民族融合、边疆治理、国家安全等重大政治社会议题紧密联结在一起，从而充分地彰显了减贫的政治社会功能。

在功能定位上，减贫实质上是一种有效的政治社会稳定机制。鉴于此，党和国家领导人一直将扶贫脱贫作为一项政治任务，并将贫困、富裕问题与社会主义制度联结在一起。邓小平指出："贫穷不是社会主义，社会主义要消灭贫穷。""社会主义的本质，是解放生产力，发展生产力，消灭剥削，消除两极分化，最终达到共同富裕。"习近平总书记也指出："消除贫困、改善民生、逐步实现共同富裕，是社会主义的本质要求，是我们党的重要使命。"[1]"如果贫困地区长期贫困，面貌长期得不到改变，群众生活长期得不到明显提高，那就没有体现我国社会主义制度的优越性，那也不是社会主义。"[2]其实，从全球意义上看，消除贫困和不平等，不论是作为一项理论命题还是一条实践经验，一直嵌入发展结构、社会政策和政治权力之中。联合国发展研究院基于世界各大区域的历时性和比较性的经验研究发现，减贫需要有效的国家行动。在相对短暂的时间内成功减贫的国家成立和维持了能够胜任的官方机构，并拥有目标明确、增长驱动和福利增进的政治制度。高效的政府必须能够克服关键性市场失灵，协助掌握新技术、为生产部门调动和分配资源、执行标准和规则、建立社会契约、成立和管理服务和社会项目。

因此，将贫困问题和减贫工作及时、有效地纳入国家权力的运转体系并上升到国家层面的政治行动，甚至在必要时对行政机构进行适应性的改造，提升减贫政策的执行能力和效果，亦是国际减贫事业的基本经验之一。在国家权力和行动的支持下，减贫战略和政策体系所内含的社会安全网也就能够承接政治社会稳定机制的功能需要。

---

[1] 《习近平论扶贫工作——十八大以来重要论述摘编》，党建，2015-12-01.

[2] 张占斌：《习近平同志扶贫开发思想探析》，国家治理，2015-09-28.

三、农民致贫的政治社会因素

贫困是经济和非经济因素共同作用的产物，有其产生的历史、社会背景及发生、发展变化的规律，它不仅是人口问题、经济问题，也是政治问题和社会问题。贫困的产生、延续、传递和消除与一个国家的政治结构、权利格局和社会变迁等具有高度的关联，贫困在内涵和类型上不仅有收入贫困，也有权利贫困和能力贫困，而且后两种贫困在当下急剧的政治社会变迁中更应该引起我们的关注。笔者着重从制度视角、权利视角和社会排斥视角来考察与分析农民致贫的政治社会因素。

制度视角是贫困研究的基本研究视角之一，即从社会制度及其操作化的体制政策安排等角度探讨贫困的成因和特性。马克思（Marx）和缪尔达尔（Myrdal）是这种观点的典型代表。其基本观点是，失业及其所导致的贫困完全是资本主义制度的产物；导致贫困的根本原因在于发达国家与不发达国家之间存在着结构上或制度上的差异，正是由于这种差异的存在，滞后、短缺、过剩成为不发达国家经济的普遍现象。在探讨中国农民贫困的成因时，一些研究者把分析的视角转向国家制度和政策安排所造成的影响，包括非均衡发展战略、土地制度、金融政策、税收制、就业制度等。他们认为许多国家制度、政策安排都是不利于农民的，或者就是农民贫困的直接成因。从中国国情和发展脉络来看，城乡二元结构及其一系列的制度体制是农村贫困发生和存续的重要制度因素之一。城乡二元结构带来了一系列不公平、不合理的制度安排和政策框架，如城乡二元户籍制度、公共服务体制、资源配置体系等，这些制度安排和政策框架限制了农村尤其是贫困地区的发展空间和机会，妨碍了贫困人口社会流动以及通过自由流动扩展生计来源和发展机遇的机会，导致贫困农村民生事业发展滞后、公共服务水平低下及其与发达地区和城市之间显著的非均衡性，从而使得贫困地区和农民难以平等地分享改革发展成果。

将权利理论和社会排斥理论引入贫困研究领域，很大程度上就实现了贫困研究视角的转换，即从宏观的结构、制度层面转向微观的贫困者个体和家庭层面，关注作为个体的人的发展和权利以及个体与社会的互动关系。美国著名经济学家舒尔茨（Schultz）提出的人力资本理论，将贫困的根源主要归结于人力资本的质量[1]，使人们对贫困的认识从外部环境转移到人的自身，凸显了贫困者的主体性和自主性。贫困问题研究集大成者阿马蒂亚·森[2]则进一步指出，贫穷主要是由人的基本能力受到剥夺和机会的丧失造成的，而并非单纯的收入少。他认为应高度重视人类贫困、收入分配不公等问题，并从赋权给贫困者以增强其可行能力的角度来探寻减贫和发展方案。阿马蒂亚·森的权利贫困理论建立在对印度、孟加拉等发展中国家的实证分析的基础上，这对中国的反贫困问题自然也有很强的参照性和解释力。改革开放以来，我国农民的发展权利与机会总体上处于不断增长和扩展中，但是由于城乡二元结构的长期延续和国家区域发展战略的优先次序等因素，贫困地区和农民的权利、机会与能力受到较大的限制，一定程度上被排斥在优质资源配置和优先发展机遇之外。在区域发展方面，尽管国家也实施了西部大开发战略，但是鉴于区位条件、资源禀赋等因素，东部开放、中部崛起和东北振兴带来了更强的发展引擎，西部贫困地区与东中部的发展差距不降反增，各区域内部的发展差距也有所增大。同时，在农村政治领域实施村民自治和基层民主，赋予了农民在村庄公共事务和公益事业上的利益表达、民主参与和自治等政治权利；在农村社会领域构建以救济、救助、保障为主要内容的社会安全网，提升了农民的生存、发展以及追求幸福生活的权利。然而，由于村民自治和基层民主受到经济社会发展条件和文化资源的约束，各地的实施效果参差不齐，普通农民在村庄治理与发展中的权益仍然得不到应有的重视，而城乡之间在公共服务、社会保障等方面

[1] [美]西奥多·W.舒尔茨：《人力资本投资》，梁小民，译.北京：商务印书馆，1984.

[2] 阿马蒂亚·森（Amartya Sen），1933年出生于印度孟加拉湾，1959年在英国剑桥大学获得博士学位，其后先后在印度、英国和美国任教。1998年离开哈佛大学到英国剑桥大学三一学院任院长。他曾为联合国开发计划署写过人类发展报告，当过联合国前秘书长加利的经济顾问。他因为在福利经济学上的贡献获得1998年诺贝尔经济学奖。2016年，受聘为北京大学经济学院特聘教授。

的差距仍相当突出，如在交通、通信、教育、医疗、低保、养老等方面因城乡二元体制和政策的排斥而出现较明显的滞后与缺失。这些其实都是贫困人口在脱贫致富和发展道路上的关键性社会支持体系。另外，在城市化、工业化进程中涌现的新型贫困群体如失地农民、进城农民工和留守人群的权利受损，利益表达不畅和关照不够等问题也尤为棘手，这些新现象和新问题在应对策略上往往面临更为复杂多样的境况和约束条件。

四、国家贫困治理体系的创新与完善

改革开放以来，在中国共产党的领导下，我国的贫困治理取得了举世瞩目的重大成就，被国际社会誉为贫困治理的“中国道路”。目前，我国脱贫攻坚战取得了全面胜利，现行标准下9 899万农村贫困人口全部脱贫，832个贫困县全部摘帽，12.8万个贫困村全部出列，区域性整体贫困得到解决，完成了消除绝对贫困的艰巨任务，贫困地区基础设施明显改善，基本公共服务保障水平显著提升，贫困人口的生存权、发展权等各项权益得到了有效保障。理论界的一个基本共识在于，中国之所以能够取得如此巨大的减贫成就，主要是因为在40年的探索中，随着各个时期减贫形势的变动，中国国家贫困治理体系能够做出适应性调整，经历了不断自我完善与发展过程。打赢全面建成小康社会背景下的脱贫攻坚战，对中国国家贫困治理体系的进一步完善与发展提出了全新的课题。党的十八大以来，在习近平总书记关于扶贫工作重要论述的指导下，以精准扶贫精准脱贫为基本方略的中国国家贫困治理体系不断地调整与优化，贫困治理现代化水平和治理能力显著提升。虽然我国在脱贫攻坚战中取得了全面胜利，消除了绝对贫困，但是在扶贫工作上还有很多任务需要完成，很多问题需要得到优化。

（一）中国国家贫困治理历程的回望

从一个历史的长时段视角来看，中国国家贫困治理体系演进具有显著的反思性和发展性特征，即在扶贫开发工作的各个历史阶段，以农村改革和政府扶贫干预为主轴，科学研判制约农村减贫与发展的瓶颈因素，找准释放减贫动力的关键领域和关键环节，不断优化贫困治理的政策工具，注重运用好市场机制和社会力量，从而提升国家贫困治理体系的有效性。党的十八大以来，打赢全面建成小康社会背景下脱贫攻坚战的“时代呼唤”，对国家贫困治理体系建设提出了一系列新的挑战与新的命题，中国扶贫道路的完善站在了全新的历史节点。

1. 中国贫困治理的几个阶段

改革开放以来，中国国家贫困治理体系的演进，经历了若干重要的阶段。自20世纪70年代末的农村改革，构成了中国农村减贫的最初动力。农村改革之初，中国政府的扶贫事业主要依靠体制改革来推动。在这一阶段，建立了以家庭联产承包为基础的双层经营体制，放开农产品价格和市场，在财政体制改革和农村改革的强劲推力之下，乡镇企业得到了快速发展，生产力得到极大发展，农村贫困问题大面积缓解，同时为解决农村贫困问题奠定了良好的制度基础。据统计，在这一时期，农民人均纯收入增长了2.6倍，绝对贫困人口从2.5亿减少到1.25亿。此后，通过不断深化改革破除农村发展的瓶颈因素和短板因素，从而激活农村发展的潜能，始终是中国国家贫困治理体系的基本特征之一。20世纪80年代中期，随着改革的重心向城市转移，普遍意义的农村改革一度陷入停顿，但在农村贫困治理领域，1986年，国务院贫困地区经济开发领导小组成立，由时任国务院副总理的田纪云同志担任组长。其职能定位为“组织调查研究，拟定贫困地区经济开发的方针、政策和规划，协调解决开发建设中的重要问题，以及督促、检查和经验总结”。1988年，国务院贫困地区经济开发领导小组与“三西”地区农业建设领导小组合并为国务院贫困地区经济开发领导小组。至此，我国政府建立了专门的议事协调机构，有组织地推进开发式扶贫的战略。20世纪90年代以来，中国社会主义市场经济体制不断完善，对外开放程度持续提升，在内外部因素的共同作用下，中国经济经历了持续快速增长的过程，为脱贫提供了强劲的支持。另外，区域性的贫困问题依然是中国农村发展的最大短板因素，为此1994年中国政府组织实施《国家八七扶贫攻坚计划》，力争在20世纪的最后7年里，解决8 000万农村贫困人口的温饱问题。在这一时期，国家专项减贫干预领域走出“救济式扶贫”、推进“开发式扶贫”的思路更加清晰和明确，强调通过综合运用土地改良和基本农田建设、发展经济作物、创造非农就业、改善基础设施、公共服务等方法，整体提升贫困地区和贫困人口的发展能力。21世纪以来，农村贫困治理体系更加完整：一方面，经济继续保持快速增长，为贫困地区农户从事生产经营和获得务工收入提供了空间和机遇；另一方面，自2003年以来，中央颁布实施了一揽子以“少取、多予、放活”为核心的惠农政策，为农村贫困治理提供了不断加码的政策和资源支持。特别是国务院印发了《中国农村扶贫开发规划纲要（2001—2010年）》，国家强有力惠农政策和专门的减贫干预与人民群众的自身努力相结合，贫困地区的发展面貌显著改观。特别值得一提的是，这一时期中国国家贫困治理体系中政府专项扶贫模式和方法不断成熟，行业扶贫的参与形式不断丰富，社会扶贫领域活力逐渐显现，“三位一体”的大扶贫工作格局初步形成。

2. 全面建成小康社会背景下的脱贫攻坚战

在全面建成小康社会时期，打赢脱贫攻坚战具有重大的战略意义。同时，随着新时期中国农村减贫形势的变动，既往的贫困治理体系难以有效适应新阶段的减贫需求，迫切需要整个国家贫困治理体系的调整与完善。可以说，推进国家贫困治理体系的现代化建设，提升治理能力，恰恰是回应打赢全面建成小康社会背景下脱贫攻坚战这一“时代呼唤”命题的内在要求。

第一，打赢脱贫攻坚战具有重大的战略意义。脱贫攻坚不单纯是一个“补短板”的问题，而是事关全局的战略性问题。中国改革走过了40多年的历程，站在了决胜全面建成小康社会，实现第一个百年奋斗目标的时间节点，从总量来看，中国经济总量已经达到全球第二位，具备了全面建成小康社会的基础，但贫困地区的短板因素依然十分突出。近年来，中国进入了经济运行的新常态，随着利益格局的分化，各种社会矛盾也到了积聚期，这是对党的执政能力的巨大考验。脱贫攻坚不仅能够补齐全面小康的突出短板，还是重大的民生战略和民心战略，体现着中国共产党执政为民的初心，是巩固党的执政基础的关键之举。此外，实施脱贫攻坚，有利于促进区域协调发展、城乡统筹发展，对中国扩大对外开放、培育经济增长新动能、促进发展模式转型具有重要的发展战略意义。还应看到，打赢脱贫攻坚战，需要通过深化改革的办法，完善基层治理体系，提升基层治理能力，应当认识到脱贫攻坚与基层治理体系完善和治理能力提升之间的辩证关系，看到实施脱贫攻坚的基础战略意义。

第二，中国农村减贫形势发生了重要的变化。进入新时期，中国农村贫困人口的分布特征发生了显著的变化，主要分布在以武陵山区、乌蒙山区、秦巴山区、滇黔桂石漠化区等为代表的十四个连片特困地区。深入考察便会发现，这些地区多具有自然地理条件的复杂性和经济社会文化的多元性特点，贫困片区之间、片区内部，乃至同一县域的不同地点、不同社区，致贫因素的组合皆具有差异。从贫困治理的角度来看，新时期中国农村贫困问题受到多重因素的影响，既体现了中国农村改革与发展的一般性问题，又具有自身的特殊性。从致贫因素来看，农村贫困地区的减贫与发展面临着基础设施支撑不足、公共服务水平不高、产业基础薄弱、基层组织战斗堡垒作用弱化等多重短板因素制约。因而，有效的贫困治理必然建立在认识到贫困成因具有系统性、综合性的基础上，统筹各类资源，协调各种力量，形成合力，系统地改善贫困地区的发展面貌。换言之，随着中国农村扶贫开发形势的变迁，有效的贫困治理意味着不断加强国家减贫干预，提高对于贫困地区、贫困社区和贫困农户多元化、差异化需求的综合性回应能力。鉴于此，国家贫困治理体系的现代化建设，一方面应着眼于各项政策之间的配合与衔接，形成完备的政策体系，另一方面应着力提升政策供给与政策需求的匹配程度，实现贫困治理的“滴灌式”作业。

第三，既往的贫困治理模式难以适应新时期的减贫需求。毫无疑问，过去30多年间，在中国共产党的领导下，中国国家贫困治理体系的建设取得了突出成就，但既有的贫困治理模式和手段已经难以适应新时期的减贫需求。国际经验表明，贫困人口总量下降到总人口比重0%以下时，一般性的经济增长对减贫的“涓滴效应”将逐渐消失。以2010年不变价格2 300元的贫困线计算，2012年全国贫困人口总体规模为9 899万人，占总人口比例为10.2%，因此，新时期国家贫困治理体系建设的一个基本问题，就是如何形成更为有效的综合性政策工具组合，有效回应贫困人口的减贫与发展需求。其复杂性在于，不同的贫困地区和贫困社区致贫因素组合和潜在的资源禀赋均存在差异，因此在实践层面保持国家减贫干预对具体情境的适用性，是避免政策资源错配、提升干预成效的关键所在。换言之，如何更为准确地掌握贫困社区和贫困农户层面的基础信息，在科学研判致贫因素的基础上，综合运用多元化的支持手段，“滴灌式”回应贫困人口的需求，是脱贫攻坚过程中国家贫困治理体系建设所必须解决的问题。此外应当看到，存量贫困人口都是“贫中之贫、困中之困”，属于“难啃的硬骨头”，特别是“两高、一低、一差、三重”的深度贫困地区，国家贫困治理体系建设需要能够聚合更为广泛的合力，以过硬办法和过硬举措确保打赢脱贫攻坚战。

第四，30多年的扶贫经验积累和国家发展取得的成就，为国家贫困治理体系的进一步完善奠定了基础。改革开放以来的40多年间，中国国家贫困治理取得了举世瞩目的成就，形成了独具特色的中国减贫道路，为构建新时期国家贫困治理体系现代化和治理能力提升提供了经验。30多年间，中国扶贫开发在专项扶贫、行业扶贫和社会扶贫领域都形成了一些行之有效的减贫经验。同时，改革开放以来中国经济总量的提高以及国家财政实力的进一步增强，为一揽子解决绝对贫困问题提供了财力保障。

（二）党的十八大以来国家贫困治理体系的完善与创新

党的十八大以来，以习近平同志为核心的党中央高度重视扶贫开发工作，将打赢脱贫攻坚战作为全面建成小康社会的底线目标和标志性指标，纳入“五位一体”总体布局和“四个全面”战略布局，摆到治国理政的重要位置，以前所未有的力度推进。中共中央、国务院出台了《关于打赢脱贫攻坚战的决定》《“十三五”脱贫攻坚规划》等纲领性、统揽性重要文件，对脱贫攻坚的总体思路、目标任务、实现路径进行了决策部署，各部门、各领域结合工作实际出台了一揽子政策文件，共同构筑起新时期国家贫困治理体系的“四梁八柱”，为各地结合实际推进脱贫攻坚提供了有效支撑。

1. 国家贫困治理体系调整与优化的思想指引

全面建成小康社会背景下的脱贫攻坚战，开启了中国贫困治理的一个新时代。作为对时代呼唤的回应，党的十八大以来，习近平总书记围绕着打赢脱贫攻坚战的重大战略意义、如何认识新时期中国农村贫困问题，以及如何构建新时期的国家贫困治理体系发表了一系列重要的论述，作出了一系列重要指示和批示，为国家贫困治理体制机制的完善与创新提供了科学的指引。习近平总书记指出，新时期国家贫困治理体系的建设，要坚持发挥好中国特色扶贫开发道路的政治优势和制度优势，脱贫攻坚任务重的地区党委和政府要把脱贫攻坚作为“十三五”期间头等大事和第一民生工程来抓，坚持以脱贫攻坚统揽经济社会发展全局，要层层签订脱贫攻坚责任书、立下军令状，形成五级书记抓扶贫、全党动员促攻坚的局面；要强化领导责任、强化资金投入、强化部门协同、强化东西协作、强化社会合力、强化基层活力、强化任务落实，集中力量攻坚克难，更好推进精准扶贫、精准脱贫，确保如期实现脱贫攻坚目标。习近平总书记在部分省区市扶贫攻坚与“十三五”时期经济社会发展座谈会、中央扶贫开发工作会议上发表重要讲话，全面部署脱贫攻坚工作，系统阐释了精准扶贫精准脱贫的基本方略。这些战略性思维，全面论述了国家贫困治理机制完善与创新的关键在于发挥好中国特色扶贫开发道路的“两个优势”，坚持精准扶贫精准脱贫的基本方略，以改革创新的办法，破除各种体制机制障碍，形成最广泛的合力，从而有效提升国家贫困治理能力。

2. 党的十八大以来国家贫困治理机制完善与创新的主要方面

从学理层面来看，国家贫困治理体系的新一轮调整，意在增强国家减贫行动对于贫困地区、贫困社区和贫困人口多元化、差异化需求的回应能力。这一过程的突出特点在于以准确掌握农村减贫与发展需求为基础，将政治优势和制度优势的发挥与全面深化改革相结合，形成更加完备的政策体系，综合运用政府、市场、社会三种机制、三种资源，因地制宜、分类施策，系统改善贫困地区、贫困社区和贫困人口的内生发展动能。下面从信息汲取能力、政治保障和制度保障能力、系统回应能力和资源动员能力、政策执行能力四个方面，讨论党的十八大以来国家贫困治理体系现代化的主要内容。

首先，通过“减贫大数据”建设，掌握新时期中国农村贫困的“底数”，为相关政策安排提供坚实的信息基础，提升国家贫困治理体系的信息汲取能力。长期以来，底数不清、情况不明，是制约国家减贫干预取得实效的主要原因之一。2014年，被誉为精准扶贫“一号工程”的建档立卡工作在全国范围内铺开，各省密集推进，在当年10月实现了数据全国并网，经历了多轮“精准扶贫回头看”以后，建档立卡数据的精准度大幅提升。建档立卡的“减贫大数据”不仅找准了贫困人口，解决了“扶持谁”的问题，也为回答“怎么扶”的问题提供了坚实的基础信息。在脱贫攻坚战的实践中，“五个一批”“深度贫困地区”脱贫攻坚等重大战略决策都建立在对建档立卡大数据的动态管理和科学分析基础之上。毫无疑问，“减贫大数据”有效提升了国家扶贫开发政策部署的科学化程度，是中国国家贫困治理体系理性化程度的重大跃升。

其次，发挥好政治优势和制度优势，为国家贫困治理体系有效运转提供政治保障和制度支撑。脱贫攻坚进入“攻坚拔寨”的阶段，任务十分艰巨，打赢脱贫攻坚战需要凝聚全党全社会的合力。2015年11月，中共中央、国务院颁布了《关于打赢脱贫攻坚战的决定》，为全党统一认识、协调行动提供了思想基础。按照习近平总书记的要求，脱贫攻坚任务重的省份要将扶贫开发作为统揽经济社会发展全局的“第一民生工程”，全国范围自上而下形成了省、市、县、乡、村“五级书记一起抓扶贫”的局面，对地方工作主要考核减贫成效、精准识别、精准帮扶、扶贫资金使用管理等方面，涉及建档立卡贫困人口减少和贫困县退出计划完成、贫困地区农村居民收入增长、贫困人口识别和退出准确率、群众帮扶满意度、扶贫资金绩效等指标，树立脱贫实效导向，确保脱贫攻坚质量经得起实践和历史检验。此外，注重基层党建促进脱贫攻坚，有效提升贫困村基层党组织战斗堡垒作用。同时，发挥好“集中力量办大事”的制度优势，中央明确扶贫投入力度要与打赢脱贫攻坚战的要求相匹配，财政投入大幅度增长，各类金融机构加大对扶贫的支持力度，保险业扶贫、证券业扶贫的工作力度也明显加大。这些顶层设计为新时期国家贫困治理体系的有效运转提供了有力的政治保障和制度支撑。

再次，形成完备政策体系，推进国家贫困治理系统化程度，提升综合性回应减贫需求能力。围绕着贯彻落实习近平总书记关于扶贫工作重要论述的精神，确保打赢脱贫攻坚战，中央层面科学谋划精准扶贫精准脱贫的政策体系。党的十八大以来，党中央、国务院颁布了《关于打赢脱贫攻坚战的决定》，并出台了系列配套文件。据不完全统计，中央和国家机关各部门累计出台120多个政策文件或实施方案，内容涉及贫困户建档立卡、驻村干部选派与管理、扶贫开发体制机制创新、财政扶贫资金管理办法改革、扶贫开发成效考核精准退出，以及产业扶贫、易地扶贫搬迁、劳务输出扶贫、交通扶贫、水利扶贫、教育扶贫、健康扶贫、金融扶贫、农村危房改造等多个领域和方面，系统落实了习近平总书记提出的通过实现“六个精准”、做好“五个一批”、解决好“四个问题”的精准扶贫精准脱贫基本方略，很多“老大难”问题都有了针对性的措施，打出了政策组合拳。这些政策体系为各行业、各部门、各领域合力推进脱贫攻坚工作设定了行动指南，为有效回应贫困地区、贫困社区和贫困农户多层次、多元性、差异化需求提供了政策保障。中国农村贫困问题的成因具有复杂性、多元性的特点，因而有效的贫困治理需要同时解决两个方面的问题：一方面要着力补齐贫困地区、贫困社区在基础设施、公共服务、基层组织、基本产业等领域的短板，综合改善其发展环境；另一方面要坚持因地制宜、分类扶持的原则，让政策资源“精准”对应贫困社区和贫困人口差异化的需求。换言之，赢得脱贫攻坚战的胜利，需要更好发挥政府的主导作用，在加大专项扶贫的政策投入力度、优化专项扶贫政策模式的同时强化各行业部门、社会力量的有序参与，形成系统性回应各类减贫需求的政策方案。此外，从建档立卡的数据分析来看，近半数的贫困人口可以通过发展生产、扶持就业的方式实现脱贫，通过优化政策环境，让市场有效运转起来，从而带动贫困人口脱贫增收，仍是重要的减贫策略。因此，在新一轮国家贫困治理机制完善与创新的过程中，更好地发挥政府、市场和社会三种机制，成为一个突出的特点。

可以说，明晰政府与市场关系，发挥市场在资源配置中的基础性作用，有效提升经济增长对贫困人口脱贫增收的带动效应，更好地发挥政府作用，是中国新时期贫困治理机制完善与创新的一体两面。在新一轮的调整中，政府部门与市场部门形成了有效协作的关系：一方面，政府发挥主导作用，承担政府责任，着力补齐贫困地区的基础设施和公共服务短板，营造利于市场发育的制度环境，让市场有效运转起来，承担社会保护责任，构建社会安全网，发挥社会保障政策兜底线的作用，形成开发式扶贫与兜底式扶贫相互衔接的政策体系；另一方面，市场化程度提升、贸易繁荣、国际参与带来了中国经济的持续稳定增长，为脱贫攻坚营造了有利环境。特别是形成了针对市场运行微观主体的支持政策体系，农业部门市场化程度、现代化水平提升，农村生产要素被激活，劳动生产率显著提高。

最后，充分发挥中央和地方的积极性，提升国家贫困治理体系的韧性和执行力。不同于一般性的公共治理项目，国家主导的减贫与发展需要同时发挥好中央和地方“两个积极性”。信息经济学的理论成果表明，大量对于有效治理至关重要的关键信息，分散在地方情境，相对于中央政府而言，基层政府组织更易于掌握这些信息，因而将政策“操作文本”形成的事权下沉到地方，有利于政策供给对于政策需求的“精准”匹配。另外，贫困治理涉及统筹协调各方主体，需要强有力的顶层设计整体谋划、有序推进。党的十八大以来，中国贫困治理领域形成了“中央统筹、省负总责、市县抓落实”的扶贫开发管理体制，党中央、国务院主要负责统筹制定扶贫开发大政方针，出台重大政策举措，规划重大工程项目。省（自治区、直辖市）党委和政府对扶贫开发工作负总责，需要结合省情，抓好目标确定、项目下达、资金投放、组织动员、监督考核等工作。市（地）党委和政府的主要职责在于做好上下衔接、域内协调、督促检查工作，把精力集中在贫困县如期摘帽上。县级党委和政府承担主体责任，书记和县长是第一责任人，需要结合县域实际，做好进度安排、项目落地、资金使用、人力调配、推进实施等工作。通过明晰党政分工的治理格局，借助政府间权责关系的调整，国家贫困治理实现精准施策、有力执行有了制度上的保障。

国际减贫研究的理论成果表明，增强国家减贫行动对多元化、差异化需求的回应能力，是有效减贫的关键。2013年以来，我国政府主动适应减贫形势的变动，以习近平总书记关于扶贫工作的重要论述为指引，贯彻落实精准扶贫精准脱贫的基本方略，减贫资源配置的重心进一步下沉到县，缩短政策安排与政策需求之间的决策执行链条，同时利用建档立卡“减贫大数据”，提升决策科学性，改善“央—地”之间的信息不对称问题，更为有效地引导地方政府的减贫行动。这些经验为破解贫困治理领域的难题提供了参考方案，为国际减贫与发展提供了中国智慧。

3. 党的十八大以来国家贫困治理机制完善与创新的主要成就

党的十八大以来，经过密集调整，脱贫攻坚阶段的中国国家贫困治理体系不断完善，现代化水平和治理能力显著提升，为地方有序推进扶贫开发工作确立了基本的政策框架和体制机制安排。2021年2月25日，习近平总书记在全国脱贫攻坚总结表彰大会上的讲话中指出，8年来，党和人民披荆斩棘、栉风沐雨，发扬钉钉子精神，敢于啃硬骨头，攻克了一个又一个贫中之贫、坚中之坚，脱贫攻坚取得了重大历史性成就。

（1）农村贫困人口全部脱贫

党的十八大以来，平均每年1 000多万人脱贫，相当于一个中等国家的人口脱贫。贫困人口收入水平显著提高，全部实现“两不愁三保障”，脱贫群众不愁吃、不愁穿，义务教育、基本医疗、住房安全有保障，饮水安全也都有了保障。2 000多万贫困患者得到分类救治，近2 000万贫困群众享受低保和特困救助供养，2 400多万困难和重度残疾人拿到了生活和护理补贴。

（2）脱贫地区经济社会发展迅速

贫困地区经济实力不断增强，基础设施建设突飞猛进，社会事业长足进步。义务教育阶段建档立卡贫困家庭辍学学生实现动态清零。具备条件的乡镇和建制村全部通硬化路、通客车、通邮路。新改建农村公路110万公里，新增铁路里程3.5万公里。贫困地区农网供电可靠率达到99%，大电网覆盖范围内贫困村通动力电比例达到100%，贫困村通光纤和4G比例均超过98%。790万户、2 568万贫困群众的危房得到改造，累计建成集中安置区3.5万个、安置住房266万套，960多万人“挪穷窝”，摆脱了闭塞和落后，搬入了新家园。

（3）脱贫群众建立脱贫信心

脱贫攻坚的顺利进行激发了广大脱贫群众奋发向上的精气神，社会主义核心价值观得到广泛传播，文明新风得到广泛弘扬，艰苦奋斗、苦干实干、用自己的双手去创造幸福生活的精神在广大贫困地区蔚然成风。

（4）党群干群关系改善

各级党组织和广大共产党员坚决响应党中央号召，以热血赴使命、以行动践诺言，在脱贫攻坚这个没有硝烟的战场上呕心沥血、建功立业，基层党组织充分发挥战斗堡垒作用，在抓党建促脱贫中得到锻造，凝聚力、战斗力不断增强，基层治理能力明显提升。贫困地区广大群众听党话、感党恩、跟党走，党群关系、干群关系得到极大巩固和发展。

（5）创造了减贫治理的中国样本，为全球减贫事业做出了重大贡献

摆脱贫困一直是困扰全球发展和治理的突出难题。改革开放以来，按照现行贫困标准计算，我国7.7亿农村贫困人口摆脱贫困；按照世界银行国际贫困标准，我国减贫人口占同期全球减贫人口70%以上。特别是在全球贫困状况依然严峻、一些国家贫富分化加剧的背景下，我国提前10年实现了《联合国2030年可持续发展议程》减贫目标，赢得了国际社会的广泛赞誉。我们积极开展国际减贫合作，履行减贫国际责任，为发展中国家提供力所能及的帮助，做世界减贫事业的有力推动者。

这些非凡成就证明了习近平总书记关于扶贫工作重要论述的科学

性、战略性、前瞻性和指导性，证明了习近平总书记关于扶贫工作重要论述指引下的中国国家贫困治理体系具有有效性，证明了中国共产党领导和中国特色社会主义制度的优越性，增强了全党全社会对中国特色社会主义的道路自信、理论自信、制度自信和文化自信。

（三）党的十八大以来国家贫困治理体系建设的经验与启示

以习近平总书记关于扶贫工作的重要论述为指引，中国政府坚持精准扶贫精准脱贫方略，中国国家贫困治理体系的现代化水平和治理能力显著提升，其主要特点是：发挥政治优势，层层落实脱贫攻坚责任；不断完善精准扶贫政策工作体系，切实提高脱贫成效；坚持政府投入的主体和主导作用，不断增加金融资金、社会资金投入脱贫攻坚；坚持专项扶贫、行业扶贫、社会扶贫等多方力量有机结合的大扶贫格局，发挥各方面的积极性；尊重贫困群众扶贫脱贫的主体地位，不断激发贫困村贫困群众内生动力。脱贫攻坚的实践表明，以“精准扶贫、精准脱贫”为基本方略的国家贫困治理体系新一轮机制完善与创新取得了非凡成就，中国逐渐探索出了一套具有科学性和有效性的贫困治理体系，为打赢脱贫攻坚战提供了有力保障，为全球贫困治理贡献了“中国方案”。

但同时也应当认识到，中国国家贫困治理体系的现代化仍在不断推进，因应不断变化的减贫与发展形势，中国国家贫困治理体系建设仍处于不断自我完善与优化的过程中，而发展性与反思性也恰恰是中国国家贫困治理体系现代化的核心特质之一。

首先，脱贫攻坚进入攻克最后堡垒的阶段，减贫难度更大，存量贫困人口发展能力低，实现“三保障”更显必要，同时成本也更高。特别是深度贫困地区，贫困发生率高，基础设施薄弱，公共服务发展滞后，村级组织战斗力弱，要实现有效减贫，需要拿出更加过硬的办法和举措。

其次，经过不懈的努力，国家贫困治理体系的“四梁八柱”性质的顶层设计已经搭建起来，但一些地方在结合实际贯彻落实的过程中，存在着形式主义。以行政思维替代贫困治理思维的倾向依然存在，特别是局部存在片面强调政治动员而忽视配套的政策设计和体制机制创新的问题，制约着国家贫困治理体系现代化成果的显现。

最后，到2020年，中国完全消除了绝对贫困现象，但在打赢脱贫攻坚战以后，中国国家贫困治理体系需要进一步调整和完善，以应对可能出现的新的贫困问题，从而巩固全面建成小康社会成果，继续改善民生，实现共同富裕的使命和任务。

总之，中国国家贫困治理机制完善与创新，以及国家贫困治理体系的现代化建设是一个持续的历史进程。坚持回应民生之需、人民之盼，发挥政治优势和制度优势，全面深化改革，不断推进体制机制创新，是中国贫困治理体系不断成熟的基本经验。中国“摆脱贫困”走向“共同富裕”的道路，必将不断地为世界减贫与发展贡献经验和智慧。

第三节　扶贫脱贫未来发展的趋向探索

2020年脱贫攻坚任务如期完成后，我国相对贫困问题仍将长期存在。为适应新形势，2020年后的扶贫脱贫工作主要集中在以下几个方面。

一是减贫重心要转向常规治理相对贫困。随着2020年我国绝对贫困问题的解决，相对贫困问题逐步凸显。以解决绝对贫困为主的减贫政策需要进行重心上的调整，旨在缓解相对贫困的政策应成为重点。我国是人口最多的发展中国家，相对贫困标准的确定要与国情相适应。考虑到2020年后，我国仍有近40%的农村人口，建议分别设立城镇和农村的相对贫困线，并将居民收入五等份分组中低收入户的人均可支配收入和城乡最低生活保障标准作为相对贫困线的制定依据。据此测算，“十四五”时期，我国城镇相对贫困线可定在10 000元（2020年不变价），农村相对贫困线可定在6 000元（2020年不变价），加权平均后我国整体贫困线与世界银行中等偏高贫困线大体相当。同时，允许各地根据本地经济社会发展状况、物价水平、住房成本和财力等设立高于国家标准的地方贫困线，并保持贫困标准的动态调整和稳步提高。完善居民收入分配统计体系和家庭经济状况信息平台，实施“自下而上”申报与“家计调查”核实相结合的贫困人口识别办法。政府通过该平台并结合“家计调查”最终确定贫困人员，实行贫困人口的动态监测和进退调整。尽快明确2020年后统筹减贫的国家牵头部门，对部门之间的同类职能进行归口合并，对缺失的职能明确管理部门，建立起综合减贫部门统筹协调、多部门共同参与、协同治理的减贫组织体系。

二是减贫治理要转向统筹城乡贫困一体化。随着城镇化的加快推进，城镇贫困问题日益凸显，加大城乡贫困治理一体化有其必要性和紧迫性。抓紧对现阶段脱贫攻坚政策进行梳理评估，基于政策评估结果，该完善的完善、该调整的调整、该接续的接续。着重筛选出适合地方实际、效果较为显著的政策，将这些政策逐步调整为解决相对贫困的日常性帮扶措施，并纳入乡村振兴战略架构进行统筹安排。对于脱贫攻坚中形成的有效工作机制，包括责任机制、动员机制、考核机制等，要在乡村振兴战略中继续实施。对于脱贫攻坚中形成的有效政策和工作机制，要在乡村振兴战略中继续实施。尽快落实以居住证为核心的常住人口制度，将城市常住流动人口纳入城市贫困治理体系。允许依据居住地申请城市低保，实现城市常住人口最低生活保障全覆盖。加大对城镇贫困群体的教育、医疗和住房等方面的财政补贴，稳步提高低保和救助供养标准。强化公共技能培训服务体系建设，精准开展劳动力技能培训，提升劳动者的技能素质和就业质量，有效缓解城乡居民“工作贫困”。

三是减贫政策要重在防止脱贫人口返贫。2020年区域性整体贫困解决后，已脱贫人口不再返贫是巩固拓展脱贫成果的关键，也是减贫政策的重点。通过强化宣传、树立致富典型、增强贫困人口参与等方式，唤醒贫困人口减贫的主体意识。以就业为导向，整合各部门培训资源，通过文化下乡、科技下乡等多元渠道，精准开展技能和创业培训，切实提升贫困人口的自我发展能力。把产业扶贫作为持续稳定脱贫的根本之策，夯实防止返贫的产业基础。在产业选择上，要注重实现一、二、三产业深度融合，提升产业发展水平，着力开拓和就业关联度高的产品市场，培育与创业就业关联度高的市场及产品，带动更多人口就业创业。统筹脱贫减贫与社会保障、教育培训、医疗卫生等事业，逐步提高社会保障水平，推进城乡基本公共服务均等化，织密社会保障和基本公共服务“安全网”。

四是减贫要更加关注特殊地区和特殊人群。2020年后我国贫困人口数量和地域分布将由“多而分散”转变为“少而集中”，未来应着重针对重点地区和重点人群出台减贫政策。深度贫困地区减贫要更多采取“帮扶性”政策，中央财政一般性转移支付、各类涉及民生的专项转移支付和中央基建投资要继续照顾深度贫困地区，提升深度贫困地区基础设施的综合服务能力。特殊人群减贫要更多采取“兜底性”政策，增强政策供给的全面性和精准性，无劳动能力的儿童、老人和残障群体，以及对开发性扶贫措施不适应而未脱贫者要全部进入政策保障范围。阻断贫困“代际传递”要更多采取“干预性”政策，将儿童早期发展问题纳入国家反贫困战略，扩大学前教育覆盖范围和加大投入力度，不断改善学龄前儿童营养和教育水平。建立贫困家庭动态监测机制，及时了解贫困家庭的生产生活情况，采取针对性帮扶措施，防止贫困家庭落入“贫困陷阱”。

五是保障脱贫攻坚和乡村振兴战略政策有效衔接。打赢脱贫攻坚战是乡村振兴战略的基础、保障和动力，是我国实施乡村振兴战略的优先任务。乡村振兴战略更倾向于顶层设计，是一项系统工程，为农村发展指明道路，使农村协调发展。乡村振兴战略是一个新的时代课题，没有现成的经验可借鉴，全国各地都在摸索中前行。贯彻好习近平总书记的重要指示精神，聚焦“五大振兴”的目标任务，深化巩固多年来各贫困地区脱贫攻坚的丰硕成果，推动脱贫攻坚与乡村振兴战略的有效衔接，解决相对贫困，解决好“三农”问题，将是乡村振兴战略的一项长期战略任务。具体来说，保障脱贫攻坚和乡村振兴战略政策的有效衔接可以从以下几个方面入手。

首先，持续发展产业，使其作为巩固脱贫攻坚成果的重要抓手。一是持续构建现代农业产业和生产体系，打造农业特色品牌，加快农业现代化步伐，逐步使农村产业实现市场化、数字化、规模化；二是深化农业供给侧结构性改革，坚持农业现代化与农村现代化一体设计、一体推进，提高农民抗御自然灾害的能力和农业科技创新推广能力；三是持续培育产业发展新业态，营造积极健康、科学有序、百姓喜爱的产业发展环境，不断延长产业链、价值链，提升产品附加值，持续促进产业提质增效。

其次，加强顶层设计，确保脱贫攻坚与乡村振兴规划互补融合。制定时间表和路线图，任何一项工作，如果不做好顶层设计和规划，就会迷失方向；不能完全照抄以往脱贫攻坚治理模式，脱贫攻坚时期的有效政策可继续用于乡村振兴；加快提升基础设施建设水平，对公共服务设施不达标的村组，要列清台账，建档立卡，制订建设计划，分步组织实施，限期提升达标，保证高质量完成脱贫任务。

再次，强化人才支撑，充分激发振兴乡村的人才活力。打赢脱贫攻坚战和实施乡村振兴战略都需要强大的人才力量，推动人才下沉和本土培育是强化人才支撑、做好统筹衔接的关键，让他们扮演“领头羊”的角色带领群众脱贫致富，在谋划实施乡村振兴战略上担重任、打硬仗；要创新思路，拓宽适合乡村人才培养的新路径，多培养政治坚定、不拘常规、敢打硬仗的青年人才；制定相应的优惠措施，大力培养有志青年，鼓励优秀人才返乡创新创业，让青年人才队伍留得下、稳得住。

最后，完善乡村治理，推进乡村治理体系和治理能力的现代化。加强农村基层党组织对乡村工作的全面领导；乡村治理的实践存在广泛的区域差异性，需要不断地探索因地制宜的乡村治理模式，整合各种资源要素，最大限度地发挥其服务乡村的作用；我国发展不平衡不充分的问题仍然存在，在农村治理上，要统筹利用好生产空间，合理规划好生活空间，确保每一位农村居民住得安全、住得舒适；要贯彻我国“十四五”规划新发展理念，创造条件搭建一切有利于满足百姓对美好生活向往的平台，确保让农村既充满活力又和谐有序。

第二章 新农村建设视角下贫困地区农民主体性研究

扶贫脱贫领域贫困地区农民的主体性不仅是脱贫攻坚的内源动力，也是扶贫脱贫的价值依归，贫困地区农民主体性的缺失会在某些方面阻碍扶贫攻坚进程。因此，本章主要基于新农村建设视角，分析贫困地区农民主体的相关概念、农民主体意识情况，以及农民主体意识提高的途径，以期促进农村脱贫与发展工作的开展。

第一节 新农村建设中的农民主体相关概念

一、“农民主体”的概念

所谓主体，哲学上指对客体有认识和实践能力的人、实践的对象。那么，什么是新农村建设中的“农民主体”呢？

2006年中央“一号文件”提出，“让农民群众真正享有知情权、参与权、管理权、监督权”“健全农民自主筹资筹劳的机制和办法，引导农民自主开展农村公益性设施建设”。2007年中央“一号文件”进一步提出，“充分发挥农民在建设新农村和发展现代农业中的主体作用，引导农民发扬自力更生精神，增加生产投入和智力投入，提高科学种田和集约经营水平”“培育现代农业经营主体。普遍开展农业生产技能培训，扩大新型农民科技培训工程和科普惠农兴村计划规模，组织实施新农村实用人才培训工程，努力把广大农户培养成有较强市场意识、有较高生产技能、有一定管理能力的现代农业经营者。积极发展种养专业大户、农民专业合作组织、龙头企业和集体经济组织等各类适应现代农业发展要求的经营主体”。这两个文件明晰了农民在新农村建设中的权力与义务，以及作为主体应该具备的能力。孙绪民等人在我国社会主义新农村建设事业中，认为农民不仅是实践主体，也是价值主体，即是实践主体与价值主体的有机统一体。[1]刘阳认为，农民是新农村建设的财富主体、决策主体、受益主体。[2]蒲忠认为，农民在新农村建设中的主体作用是指农民在新农村建设的过程中作为建设主体出现，充当建设活动的主角，主动地发挥智慧和创造力，农民的主体地位表现为农民是新农村建设的决策主体、参与实施主体、价值创造主体和利益分配主体。[3]

根据上述文件与相关研究对农民主体的解释和阐述，以及来自实践的经验，笔者认为，新农村建设中的农民主体是指农民在社会主义新农村建设中起主要作用，充分享有有关新农村建设的知情权、参与权、决策权、管理权、监督权、受益权，并有义务和责任积极投入（包括人、财、物、时间等）新农村建设，建设自己的美好家园。农民作为主体应该具备积极主动的主体意识和具备承担主体的能力。

二、“农民主体意识和自我认同感”的概念

对于现实的个人来说，人和主体并不是完全等同的，并非每一个人都是现实的主体。只有当人具有主体意识、主体能力并现实地作用于客体时，他才可能成为活动主体，具有主体性。张建云认为，主体意识就是人对自身的主体地位、主体能力和主体价值的自觉意识，以及在此基

[1] 孙绪民：《社会主义新农村建设中的农民主体论》，齐鲁学刊，2008（1）：97-101.

[2] 刘阳，周东立：《马克思主体性理论与农民主体作用的发挥》，中共山西省直机关党校学报，2007（2）：23-24.

[3] 蒲忠：《建设社会主义新农村必须充分发挥农民主体作用》，理论与改革，2007（6）：49-51.

础上对外部世界和人自身自觉认识和改造的意识。[1]根据张建云对主体意识的定义，房彬提出，所谓农民的主体意识，就是指农民对自身在改造客观世界中的地位、作用和价值的认识。[2]从构成上说，农民主体意识主要包括农民的自我意识、参与意识、自主意识和创新意识。其中，自主意识是农民主体意识的核心内容，创新意识则是农民主体意识中更高层次的内容。陈建宁则根据张建云的定义认为，农民主体意识由市场意识、现代意识和创新精神等构成。[3]何健认为，农民在新农村建设中的主体意识包括有主人翁的参与意识、有组织意识、有互助意识、有提高自我教育意识和有热爱家乡意识。[4]

根据上述学者的研究，笔者认为，新农村建设中的农民主体意识和自我认同感就是在社会主义新农村建设过程中，农民认同自己是新农村建设的主体，积极主动地关注新农村建设，认识到新农村建设主要靠自己去投入、去实施、去管理、去监督，受益的也是自己。新农村建设中的农村主体意识包括积极关注新农村建设的意识、积极投入的意识、积极建设参与实施的意识、积极参加管理的意识、积极监督的意识和充分享受受益的意识。

第二节　新农村建设中贫困地区农民主体意识情况分析

乡村振兴是在新农村建设基础上的进一步战略，因此本节我们主要

---

[1] 张建云：《试析主体意识的内涵》，天中学刊，2002，17（6）：5-9.

[2] 房彬：《论新农村建设对农民主体意识的发展诉求及其促进》，乡镇经济，2009（1）：63-65.

[3] 陈建宁：《强化农民主体意识 发挥农民主体作用》，泉州师范学院学报，2008，26（3）：51-54.

[4] 何健：《从权利与义务认识农民在新农村建设中的主体作用》，农业科技与信息，2007（12）：3-4.

基于乡村振兴战略进行农民主体意识情况分析。

一、我国农民主体意识现状

农民不仅是乡村振兴的助力者，还是乡村振兴的主力军。但是，现实情况中存在的一系列限制条件导致了农民的主观能动性被严重约束，农民的主体性意识、环保意识、文化认同意识、民主权利与法律意识、创新意识还没有得到最大限度的展现，主要表现在以下几个方面。

（一）农民的主体性意识不强

随着社会的发展，农民的生活方式也发生了很大的变化。虽然农民的生活水平得到了提升，但是由于受自身条件的束缚，农民的主体性意识依然不够强。主体性是指人作为主体在处理对象化的关系和从事对象化活动的过程中所表现出来的自主性、主观性、自为性、自由性。农民作为农村的主体，是农村经济发展的驱动力，理应主动发挥主体性意识，促进农村经济的发展。而在农村经济发展过程中，农民作为农业经济活动的主体，却缺乏必要的自主性和主动性，处于依附和依赖的地位。

现阶段，随着国家对“三农”扶持力度的加大，农村经济发展速度加快。但是，仍有部分农村地区经济实力还不强，有的还处于贫困状态，农民无法依靠自己的力量去摆脱困境，于是更多期望于政府的支持和援助。因为，在以依赖关系为基础的条件下，人的主体能力很软弱。这种“等靠要”的依赖心理，使农民缺乏自主意识和独立意识，没有意识到自己是农村经济发展的主体，没有意识到通过自身努力可以促进农村经济的发展，实现自身的富裕。

（二）农民的环保意识有待提高

要想提升农村生态环境治理水平，农民的保护和参与是关键。虽然农民的环境保护意识和过去相比有很大的提高，但在实际中，很多农民的参与积极性不高，过度依赖政府，认为环境保护和治理是政府应该做的事，与自己无关，并没有主动采取措施去改善农村的人居环境。在农村环境保护方面，农民的环保意识淡薄，主要体现在以下几个方面。

第一，农民具有一定程度的小农意识，在思想和生活方式上具有相对封闭性，不论是生产还是生活多以家庭为中心，容易把自己与外界分离。与此同时，一些农民只关注与自己有直接关系的环境利益，对于公共环境部分则采取“事不关己，高高挂起”的态度。这就导致许多农村地区的村容环境、农田水利、人文环境、生态环境等公共事务呈现普遍衰败的景象。

第二，有些农民甚至认为农村土地多、树木多，遭受到一些污染也不用太在意。这就导致许多垃圾随意丢弃，逐渐在农村形成垃圾堆，造成环境污染；农业生产产生的秸秆由于找不到合适的地方堆放，就随意焚烧，造成空气污染；农药和化肥的大量使用，导致生物多样性遭到破坏；传统方式的畜禽养殖，导致畜禽粪便随意堆放，造成人居生活环境污染。

第三，环境资源的公共性、农民文化水平的限制、地方政府对于环境保护的重要性认识宣传不到位等导致了农民环保意识薄弱。农民普遍认为，环境保护是政府的责任，与自己无关，缺乏大局意识和环保参与意识。

第四，由于经济水平的限制，很多农民只追求眼前的经济利益，而忽视了环保的长远效益。

这些都给农村环境治理带来了阻碍，导致环境治理进展缓慢，效果不显著。

（三）农民的文化认同意识不足

随着经济的发展和国家对于农村文化建设的重视，我国农村文化建设取得了显著成就，但是农村文化建设中仍然存在农民参与性低的问题，同时农村的实际情况也削弱了农民的积极性。

首先，农民的文化自信和文化认同意识不足。随着城市化的不断发展，以农耕文明为代表的农村优秀传统文化受到城市文化与外来文化的强烈冲击，农民传统的道德与价值体系渐渐被城市文化所侵袭，农村社会原有的独立自主性也渐渐打破，以农耕文化为基础的文化认同逐渐消失，农民也渐渐失去了文化自信。因受到城市文化和外来文化的影响，农村优秀传统文化失去了对于农民的内在聚合力。

其次，在农村文化建设中，农民的参与意识淡薄。由于农村就业机会较少，为谋求生存，年轻力壮者多去城市挣钱养家糊口，剩下的农村常住人口中妇女、老人和儿童占较大比例，由于缺乏主体责任意识，他们对建设农村文化的参与积极性比较低。

最后，农民只能被动地接受外界文化的影响，对现有文化活动的满意度偏低。已有研究表明，大部分农民对现有农村文化活动颇有意见，认为现有文化娱乐活动不能满足他们目前的需求。可见目前农村文化建设较为滞后，对农民的吸引力不高，也是造成农民对于农村文化活动和文化建设参与积极性低的主要原因。另外，当地政府对农村文化建设的重视程度不够，以致于不能满足农民的文化需求，从而降低了农民参与文化建设的积极性。因此，农村的实际情况制约了农村文化的发展和建设，也就导致了农村文化建设中存在农民的参与积极性低和参与意识不强等问题。

（四）农民的民主权利与法律意识淡薄

农村整体发展落后于城市，农民的综合素质相对来说比较低，导致农民对自身民主权利认识不清晰，加之传统思想对农村影响深远，在农民自主意识里占据重要位置，农民没有意识到自己是农村的主人，这些都严重影响了我国农民参与政治生活的主动性和积极性。

农民的民主权利意识淡薄主要表现在两个方面：一方面是农民在村务管理中的参与度低，大部分农民只是村务事务管理的旁观者；另一方面是大多数农民不了解村委会的财务状况，民主监督意识薄弱，这也从侧面反映了农民的民主监督意识薄弱。

农民由于受传统习惯的影响和受教育程度有限，难以形成较强的法律意识，主要表现在以下几个方面：

第一，农民的法律知识比较欠缺。由于法律知识在农村的传播途径比较有限，加之一些法律知识与农民的实际生活联系不紧密，导致有些农民不太懂法，也不愿意去了解法律。

第二，受农村传统人情意识和农村法治环境相对较差的影响，农民认为人情、权力要大于法律。刘金海教授及其团队在有关农民法律意识的调查研究中采访了3 673位农民，在回答“社会中还存在着‘权大于法’的现象？您的看法是？”这一问题时，34.9%的农民明确表示社会中还存在“权大于法”的现象，31.3%的农民认为可能存在，仅有17.9%的农民明确表示不存在这种现象。由此可见，农民对于法律的本质和作用还缺乏相应了解，法律意识和法律观念还不是很强。这就导致一些农民习惯用传统的人情方式而不是相应的法律来解决问题。

（五）农民的创新意识缺乏

创新是一个国家和民族的灵魂。只有具备创新意识和创新精神，主体才能逐渐具有自主性、创造性和能动性。随着我国经济建设的不断发展，我国农村的风貌和经济发展也得到了很大的改善和提升。而农民作为农村社会建设发展的主体，对于农村发展具有很重要的作用，其中部分农民尤其是我国经济较发达地区的农民，已经具备了一定的创新意识。他们善于进行主动的探索，能够抓住机遇，突破僵局，寻找出路。这种创新意识使他们具有敢于斗争、追求胜利的决心。但是不可否认的是，在我国，这种创新意识只有少数经济较发达地区的农民才具备，大部分地区的农民仍然很难具备这种创新意识。

二、农民主体意识淡薄的原因分析

社会意识根源于社会存在，一定的主体意识根源于一定的社会实践。人在何种程度上成为实践活动的主体，就在何种程度上意识到自己的主体地位，即人们在社会实践中取得的主体地位的程度。农民群众在社会实践活动中主体地位的确立必然受到历史、体制、现实、自身等多方面因素的影响，制约着农民的主体意识。

（一）农民主体意识淡薄的历史根源

1. 封建社会政治体制的束缚

在高度集权的独裁专制制度统治下，传统社会形成了尊卑有序的阶级统治秩序，农民地位低下，造成农民在政治取向上的臣民心态。

2. 等级森严的宗族制度的影响

乡土社会以血缘关系为纽带，以家族为基本社群，具有相同姓氏和血缘关系的家族集居一地，强大的宗族势力牢牢控制着每个家庭和每个成员，约束着他们的主体性。在这种家族意识支配下生存与发展的农民必须服从家族利益，个人权利与自由受到排斥，个人要求更是无法得到表达与满足，禁锢了他们的主体意识。

3. 道德伦理观念的渗透

在强调中庸、等级、名分的儒家礼教文化的熏陶下，“仁、义、礼、治”“三纲五常”“男尊女卑”“权力至上”等道德伦理观念将农民衍生为统治阶级的“顺民”，农民形成了追求安稳、知足常乐的性格特征，缺乏创新与竞争意识，丧失了自主性与能动性。虽然中华人民共和国的成立使人民当了家做了主人，但这种由宏观历史导致的农民主体意识的缺失或多或少仍对现代农民的主体意识存在一定的影响。

（二）农民主体意识淡薄的体制因素

城乡二元结构体制以先工业后农业、先城市后农村、先市民后农民为特征，长期将工业城市市民视为中心，把农业农村农民作为外围补给线，使农民与城镇居民在户籍制度、就业制度、医疗制度、住宅制度、资源分配制度、养老保险制度等方面表现出较大差异，造成农业技术长期徘徊不前，农村经济和社会发展缓慢，农民陷于相对封闭的状态，经济利益、民主权利等得不到切实保障，经济地位、政治地位和社会地位往往处于劣势，从而导致农民对于自身的能力与价值认识不足，形成错误观念，认为农民不如市民、农村不如城市，缺乏自信心，主体意识被逐渐消磨。

（三）农民主体意识淡薄的现实原因

1. 农村生产力发展水平低

物质需求是人最基本、最核心的需求，只有实现了物质需求的满足，个体才有可能追求个人权利、社会地位与人生价值等更高层次的东西。主体的物质需求是主体意识形成的前提条件和内在驱动力，农民主体意识的生成必须以满足农民的物质需求为前提，但农村落后的生产力发展水平成为遏制农民主体意识的经济瓶颈。由于受自给自足小农经济生产方式的制约，传统中国农村生产力水平低下，导致农民自给自足、自私自利思想的滋生。改革开放后，虽然我国农村经济得到了发展，但仍难以形成与社会主义市场经济相适应的规模化、集约化、社会化大生产，农村经济发展滞后，很大程度上阻碍了农村的现代化进程。尤其我国偏远地区，一部分农民尚处在贫困状态或刚刚达到温饱的水平，物质财富不足以满足农民主体的需要。农村的落后抑制着农民的自我发展和对自我价值的追求，从客观上制约了农民主体意识的生成。

2. 农村基层民主不健全

发展基层民主，保证人民直接行使民主权利，管理基层公共事务和公益事业，是发展社会主义民主的基础性工作。村民自治的核心是民主选举、民主决策、民主管理与民主监督。实行村民自治是社会主义民主广泛而深刻的实践。但现实中农民的自治程度低、参与性不强，认为乡村振兴是政府、领导的事，与自己没有较大关联。

广大农民群众不能真正参与到乡村建设的决策、管理与监督中去，不能享受真正的民主。村民委员会具有表达农民利益诉求的职责，但其角色和功能在实现中“错位”，没有达到应有效果。农村基层民主不健全，难以激发农民的主体意识，不利于农民在乡村振兴中主体作用的发挥。

3. 农村教育事业滞后

随着我国教育改革的深入开展，农村教育事业发生了深刻变化，但仍有待进一步加强和完善。经济基础决定上层建筑，由于我国农村经济发展相对落后，对教育资金投入不足，农村教育的经济基础难以得到保障，导致教师工资待遇、学校危房改造、教学设备更新、教育资源配置等方面的问题突出，在这样的情况下，农村教师往往难以坚守教师岗位，流动性强，新旧不能接，无法切实保障教育教学的连续性与高效性。师资力量薄弱，削弱了农村教育教学的质量，加大了城乡教育的差距。农村教育事业滞后，半文盲所占比例较大，大多数农民文化程度不高，接受新知识、新理念的能力普遍较弱，制约着农民整体素质的提高，对提高农民的主体意识产生了极大的影响。

（四）农民主体意识淡薄的自身原因

1. 农民的科学文化素质较低

农民较低的科学文化素质使农民主体性的发挥受到限制，是导致农民主体意识淡薄的内在归因。

一是农民受教育水平低。现有教育体制使得农民接受教育的机会与年限以及提升科技素质的有效途径比城镇居民要少得多，一些受教育程度较高的农民也早已去往城市，留在农村的仍然是综合素质相对较低的农民。尤其是现在我国的现代化已经进入了一个由知识经济构成的信息化时代，文化程度对人的主体意识发展非常重要。农民文化水平低，现代科学知识缺乏，使得他们的认识能力有限，不能从全局认识乡村振兴与他们的切身关系，对自己缺乏信心，意识不到自身在乡村振兴中的主体地位与重要作用。

二是农村科技培训教育流于形式，针对性与实效性不强。农村科普有待从工作人员素质、工作机制、工作投入等方面加以改进。

三是农村缺乏健康向上的文体活动。很多农民一时难以改掉旧有的生活陋习，时间久了，难免不思进取，意志消沉，养成惰性，依赖思想严重，缺乏做事的勇气和魄力，安于现状，积极主动地投身于乡村振兴的意识淡薄。

2. 农民的组织化程度较低

农民的组织化，是指农民为了更好地实现、维护和促进自身权益而联合起来，形成各种经济和政治组织的行动和过程，是农民实现自我表达和权益诉求的重要载体。

中国的广大农民存在一定程度的封闭性、生产的分散性和个体性、社会交往的地域性。他们力量分散、薄弱，组织化程度低，依赖性强，自信心不足，缺乏主体意识。

总之，农民的思想分化较严重，缺乏组织性，合作意识低，自组织能力差，维护自身权益的自主集合能力不够，不能充分地聚集本群体的权益诉求，造成权益表达分散，成为制约农民主体意识发展的重要因素。虽然村民委员会是农民的一个社区自治性组织，具有表达农民权益诉求的职责，但其角色和功能在实现中的“错位”，使它不能真正代表农民群众的利益，一定程度上抑制了农民主体意识的生长，不利于农民主体性的发挥。

第三节　新农村建设中贫困地区农民主体意识提高途径

一、改变现有的宣传方式和完善宣传内容

宣传是最直接提高农民主体意识的途径，缑博等人通过调查发现，低收入型农户获取信息的渠道主要是电视、能人、政府、农技站等，其中农户获取农业政策的渠道按重要程度依次为电视、乡政府、村喇叭、集市、邻居或能人、报纸、农技站、宣传册、电台等。[1]由此可见，媒体、乡镇干部与村干部是贫困地区农民了解新农村的主要渠道，而现有贫困地区的宣传存在以下三个问题。

一是宣传的形式比较单调，基本上是媒体报道一下，墙上写写标语，干部口头讲一下，很少用生动形象的方式进行宣传，这样的宣传只能使农民对新农村的理解停留在表面上，无法深入理解新农村的内涵、政府与农民的角色等本质内容。来自贵州遵义“四在农家”的成功经验

[1] 缑博，谭英，奉公：《电视文化传播及其在新农村建设中的作用——来自全国27个省市区农户的调查报告》，中国农业大学学报（社会科学版），2006（3）：82-86.

表明，在文化娱乐活动中宣传新农村，农民更容易理解。因此，贫困地区在进行新农村宣传时，应采用丰富多彩的宣传方式，在生产生活中宣传新农村，在文化娱乐中宣传新农村，加深农民对新农村建设的理解，提高农民主体意识。

二是在宣传的内容方面，贫困地区媒体、乡镇干部与村干部在宣传新农村建设的成效、经验、做法等时，往往总是先强调如何在政府的带领下，新农村建设取得了多少成绩、有什么经验、该如何做，这容易给农民造成一个印象，那就是政府主导是第一位的，农民主体是次要的，新农村建设如何做听政府的。当然，在新农村建设中强调政府主导作用是应该的，也是必要的，但是更应该宣传农民如何以自己为主体，在新农村建设中取得了哪些成绩、经验。

三是贫困地区一些村干部本身对新农村建设政府主导和农民主体的含义、关系等不理解，总是有政府投钱、农民投工投劳的想法，他们在对农民进行宣传时会无意（或有意）把这种想法表现出来，这会对农民主体意识的发展造成不良影响。因此，应该向村干部宣传培训关于政府主导、农民主体的正确理解，使他们在作为农村信息传播重要渠道时能正确传达，从而提高农民的主体意识。

二、发展合适产业，增加农民收入

随着农民收入增加，农民的主体意识增强，相关研究和实践也表明，农民在能增加收入的产业发展中，主体意识比较强。例如，贵州省岑巩县磨寨村发展了水稻制种产业，许多农户将耕田用于水稻制种，和传统水稻种植相比，受益增加了几倍。由于增加了收入，农户尽管没有意识到发展水稻制种也是进行新农村建设，参加了的农户投入、管理很积极，没有参加的农户也希望能加入。当然，也存在着发展产业失败而导致农民利益受损、主体意识受到打击的案例，这样案例产生的主要原因是发展产业时比较盲目。因此，在新农村建设中，找准产业，发展产业，增加农民收入，也是提高农民主体意识的一个途径。

三、创新新农村建设村级工作机制

上面我们分析得出，贫困地区新农村建设中农民的参与对增强农民的主体意识和自我认同感有促进作用，而创新新农村建设中的村级工作机制，则可以提高农民的参与积极性。创新新农村建设中的村级工作机制可以从以下两个方面入手。在激励机制方面，可以开展“比、帮、学”多种活动，使农民在生产生活中、在村与村之间，互相比较成功与先进、失败与教训，先发展的村和农户帮助后发展的村和农户，后发展的向先发展的学习，从而增强农民的竞争意识、互助意识、学习意识和主体意识。在民主管理方面，可以采取如组管委的模式，改变贫困地区农村村级自治的“虚空”问题，从而提高农民的主动性、积极性和创造性。

第三章　产业精准扶贫视角下的农村扶贫脱贫

产业精准扶贫是精准扶贫的重要组成部分，是从精准扶贫走向乡村振兴的重头戏，产业精准扶贫的可持续发展是确保脱贫攻坚战胜利的关键环节。精准扶贫就是要将原来的粗放扶贫的“输血式扶贫”转化为现在的“造血式扶贫”，产业精准扶贫就是“造血式扶贫”的关键一招。各级政府只有依托当地资源特色和优势，发展本地特色产业，打造优势品牌，增加产品附加值，延长产业链，扩大产业规模，才能促进当地经济的发展，才能更多地吸纳贫困人口就业，从而带动贫困地区经济发展和贫困人口脱贫致富。

第一节　产业精准扶贫概述

党的十八大以来，以习近平总书记为核心的党中央将扶贫工作放到了前所未有的战略高度，做出了全面打赢攻坚战的战略部署，提出确保2020年前实现7 000多万贫困人口全面脱贫的宏伟目标，而截至2021年2月25日，我国已经消除了绝对贫困。

产业发展是引领和推动经济增长的重要驱动力[1]，产业的发展也更能使脱贫地区达到长效脱贫的效果。产业扶贫的具体目标是大力扶持地方特色产业，提升贫困地区群众的自身发展能力，促进贫困地区人口脱贫致富，其具备的“开放式＋造血式”的帮扶模式对于改进欠发达区域的“久扶不脱贫”困境有着非常显著的效果。[2]随着我国的扶贫到了新时代精准扶贫阶段，产业扶贫就统一概述成产业精准扶贫，强调“精准”发展产业。近年来，在党中央的强烈号召和要求下，国内很多贫困地区、贫困县、贫困村和贫困人口真正享受到了“授之以渔”的产业扶贫政策实惠，产业精准扶贫是当前让更多贫困地区民众摆脱穷苦生活、逐步走向富裕的重要抓手。

一、从开发式扶贫到产业精准扶贫

从20世纪80年代至今，我国农村的扶贫工作经历了不同的阶段，每个阶段都有不同的特征，但总体上来看，主要是从“开发式扶贫”到“保护式扶贫”再到现阶段的“精准扶贫”，精准扶贫已上升到国家战略层面。

学术界对产业扶贫研究的兴趣骤增源于2008年11月国务院扶贫开发领导小组会议提出了“扶贫开发”的概念。虽然扶贫开发一直是我国扶贫的主要措施和目的，但学术界对产业扶贫的研究还不够深入。自2008年以来，对扶贫开发研究的深入使得许多学者慢慢过渡到了我国的产业扶贫研究。从理论研究视角看，国内学界和社会界对产业扶贫问题逐步重视，学者们从产业扶贫的运行机理、个案分析、模式总结等方面进行了大量理论研究，近年的党政报刊也广泛报道了各地产业扶贫的具体实践举措等，这使得产业扶贫问题逐渐成为精准扶贫研究领域的重要理论和热点议题。

[1] 胡伟斌，黄祖辉，朋文欢：《产业精准扶贫的作用机理、现实困境及破解路径》，江淮论坛，2018（5）：46-50.

[2] 梁晨：《产业扶贫项目的运作机制与地方政府的角色》，北京工业大学学报（社会科版），2015，15（5）：7-15.

开发式扶贫是指国家扶贫部门或其他扶贫主体通过提供给扶贫客体即贫困地区或人口所缺少的技术、资金、人力、政策等要素，使其通过自身的经济发展来改善生产和生活，从而从根本上摆脱贫困的一种扶贫方式，这种方式也被称为“造血式扶贫”。而产业扶贫是以市场为导向、经济效益为中心、产业集聚为依托、资源开发为基础，对贫困地区的经济实行区域化布局、工业化生产、一体化经营、专门化服务，形成一种利益共同体的经营机制，把贫困地区产业的产前、产中、产后各个环节统一为产业链体系，通过产业链建设来推动区域扶贫的方式。❶尽管现有研究对产业扶贫的定义视角不同，但是从相关界定中可以明确看出，产业扶贫的主体是政府、市场和社会力量；客体是贫困区域的人口，既包括农村贫困人口，也包括城市贫困人口；扶贫手段是依靠技术、资金、文化等各种资源；目标是实现区域的协调发展，提升贫困群体的生产和生活能力等。因此，从这个角度来看，目前国内学者对产业扶贫内涵要素的认识是比较一致的。产业扶贫试图以发展扶贫对象的能力来改善其生产能力和生活水平，与阿玛蒂亚·森的发展理念不谋而合。阿玛蒂亚·森在其著述中指出：“贫困是一个拓展，是指实质自由和赋予贫困人群权力的问题。”他认为，所谓发展，“可以看作扩展人们享有真实自由的一个过程”，这里的真实自由不仅指自由的权利，还有自由的能力。❷因此，可以说赋予贫困者所需的能力是开发式扶贫的意义所在。

产业精准扶贫是指以市场为导向，以经济效益为中心，以产业发展为杠杆的扶贫开发过程，是促进贫困地区发展、增加贫困农户收入的有效途径，是扶贫开发的战略重点和主要任务。产业扶贫是一种内生发展机制，目的在于促进贫困个体（家庭）与贫困区域协同发展，根植发展

---

❶ 徐翔，刘尔思：《产业扶贫融资模式创新研究》，经济纵横，2011（7）：85-88.

❷ [印]阿玛蒂亚·森：《以自由看待发展》，任赜，于真，译.北京：中国人民大学出版社，2002.

基因，激活发展动力，阻断贫困发生的动因。[1]

产业精准扶贫的发展内容为：在县域范围，培育主导产业，发展县域经济，增加资本积累能力；在村镇范围，增加公共投资，改善基础设施，培育产业环境；在贫困户层面，提供就业岗位，提升人力资本，积极参与产业价值链的各个环节。所以，从这一角度看，产业扶贫可看作对落后区域发展的一种政策倾斜。

二、产业精准扶贫的特点

（一）经济效益与社会效益相统一

产业是产业精准扶贫的关键因素，产业的发展壮大必然会带动当地经济的发展。但是，产业精准扶贫的目标不仅在于促进当地经济发展，还在于使贫困户脱贫致富和贫困地区脱贫摘帽，产业发展是手段，脱贫致富是目的，应该让贫困户共享产业发展成果。在产业精准扶贫中，贫困地区政府不仅要注重当地经济的发展，还要密切关注“脱贫攻坚”战的进展。龙头企业作为推动产业发展的重要引擎，与一般企业不同，还肩负着帮助贫困户脱贫致富的重任，为了防止企业因追求自身利益最大化而损害贫困户合法利益的现象出现，许多地区都建立了利益联结机制，将企业和贫困户、大户、合作社等的利益捆绑，“一荣俱荣，一损俱损”。此外，由于对违约的企业惩处力度大，企业不敢轻易侵害其他主体的利益，这就有效地保障了贫困户的合法利益，实现了经济效益与社会效益的统一。

（二）协作与共赢

产业精准扶贫仅靠政府一元主体来推进是行不通的，必须多方合力、共同推进，除了政府这个主体以外，企业、农村合作社以及农户自身等其他多元主体应积极发挥作用，搭建一个各主体间相互协作的良好平台。通过这个平台，政府为龙头企业提供各种优惠政策，使得龙头企

---

[1] 张琦，冯丹萌，史志乐：《十三五期间开展精准扶贫工作的思考》，中国国情国力，2015（9）：18-20.

业的生产成本下降，规模扩大，收入增加；龙头企业对贫困户进行技能培训，使贫困户提升就业能力；基层政府向贫困户解读有关产业扶贫的最新政策以及贫困户享有的权利和义务，让贫困户加深对产业精准扶贫的认识并懂得一些维权的方式；企业加强与合作社的协作，为合作社提供资金、技术、管理等各方面的支持，壮大合作社，使合作社管理更加科学……在这个过程中，多元主体之间加强了交流和互动，加深了对彼此的认识，学到了产业精准扶贫的相关知识和实践经验，有效地提升了多元主体参与产业精准扶贫的能力，呈现出“协作共赢”的局面。

（三）因地制宜，因户施策

因为各个贫困地区的现状有所不同，所以各地在推动产业精准扶贫项目时，会遵循“宜农则农、宜林则林、宜牧则牧、宜渔则渔、宜工则工”的原则，充分利用当地优势资源来发展产业。贫困户方面则遵循了因户施策的原则，综合考虑贫困户的家庭经济状况、人口数量、劳动力状况、健康状况等各方面因素来引导贫困户就业。例如，对于养殖技能突出的贫困户，引导其发展养殖业并为其提供资金支持；对于具有一定的电脑操作技能和电商知识的贫困户，则鼓励并大力支持其参加电商培训，走电商致富的道路；对于具有一定现代化工业技能的贫困户，则引导其到工业园区就业。

三、实施产业精准扶贫的必要性和意义

（一）是利用资源禀赋优势发展经济的重要手段

“产业扶贫应立足于贫困地区特有的资源禀赋，从而带动农户脱贫致富。”[1]有些贫困地区山清水秀，景色独特，可以发展带有地域特色的风景旅游业，将“绿水青山”变成“金山银山”；有些地区具有深厚的历史文化底蕴，可以因地制宜地发展文化旅游产业。以湖北恩施州为例，恩施州是国家扶贫开发重点地区之一，有以土家族、苗族、

[1] 李志萌，张宜红：《革命老区产业扶贫模式、存在问题及破解路径——以赣南老区为例》，江西社会科学，2016，36（7）：61-67.

侗族、白族、回族和维吾尔族为主体的多元的民族文化，有以贺龙、周逸群、段德昌、任弼时、关向应等为代表的红色文化。恩施州充分利用本地的历史文化资源，努力发展文化旅游产业，有力地带动了当地经济发展和贫困户增收致富。有些地区具有丰富的矿产资源、水产资源、森林资源等，具有发展矿产加工业、水产养殖业、家具制造业等产业的优势。通过产业精准扶贫，贫困地区可以有效地利用资源来发展经济。

（二）是促进贫困地区劳动力就业和增收致富的有效方式

一般来说，贫困地区基础设施不健全，人民理论水平不高，工业基础薄弱，不太适宜发展高新技术产业和重工业。而劳动密集型产业符合贫困地区的传统经济生活习惯，对劳动者智力素质要求不高，且劳动力资源需求量较大，存在较大的发展空间。许多贫困地区通过产业精准扶贫项目大力引进劳动密集型产业，给当地的贫困户提供了充足的就业岗位。贫困地区通过产业精准扶贫项目成立了许多农村合作社，大多农村合作社都和龙头企业建立了合作互助关系，通过“公司＋农户”或者“专业合作组织＋农户”等生产经营模式，让贫困户就近就业。在产业精准扶贫的带动下和政府优惠政策的支持下，许多外出打工的贫困户都返乡就业和创业，最终增收致富。

（三）有利于加快城镇化进程和统筹城乡发展

成功的产业精准扶贫项目能有效发挥“以点带面”的作用，即通过企业（点）来带动贫困地区（面）的发展。产业的发展不仅能够带动工业的发展，也有利于加快城镇化进程和统筹城乡发展。在优惠政策的吸引下，一些大型企业入驻贫困地区，它们可以在县城工业园设立基地，也可以在经济实力较强的乡镇设立工厂，还可以在贫困村设立农产品基地。大型企业的不断发展、规模的不断壮大以及产业链的不断延伸，会对贫困县、贫困乡镇、贫困村的基础设施建设形成倒逼机制，促进贫困区域的产业配套及各方面设施的完善。而地方政府推进基础设施建设和基层公共服务配套设施的完善，对于实现城乡基本公共服务均等化、促进城乡一体化发展具有重要意义。贫困地区的农村为城市提供了大量的劳动力，城市为农民提供了大量的就业岗位。农业是工业的基础，工业能够反哺农业。在产业精准扶贫项目的带动下，城乡优势互补、统筹发展。

第二节　产业精准扶贫的主要模式探索

精准扶贫非常重视产业的发展，产业发展是经济发展的支柱，经济发展了，当地的贫困问题就能从根本上改善。在精准扶贫实践中，各地都大力推动产业精准扶贫，并由此形成了若干产业精准扶贫模式，这些模式都是具有中国特色的产业精准扶贫模式。

一、“企业＋农户”模式

“企业+农户”模式即扶贫企业利用其资金、技术、市场等优势带动贫困农户利用土地、劳动力等资源发展产业，帮助农户脱贫致富。在这种模式下，农户和企业通过合同确立权利和义务关系，企业负责产品的研发、设计和销售，农户则为企业提供土地、劳动力以及生产原料，一方面可以从土地租金中受益，另一方面可以通过在工厂务工获利。此外，农户也可以从养殖业中获取收益。以赣州朱师傅控股有限公司养猪事业部江西山下投资有限公司为例，该公司位于江西省赣州市于都县仙下乡邹坑村，是一家以黑猪繁育为主的养殖全产业链公司。采取“公司＋农户”的模式，该公司生产出来的仔猪分散到农户家代养，公司提供仔猪、饲料、技术、销售，农户负责建好栏舍，与公司签订代养协议，成品肉猪由公司负责收购，公司给代养户300元毛利保底。按每户代养500～1 000头规模，可带动50～100户规模养殖户，实现养殖利润1 500万元以上。公司代养模式向贫困户和返乡农民工创业倾斜，可直接创造就业岗位150～300个。

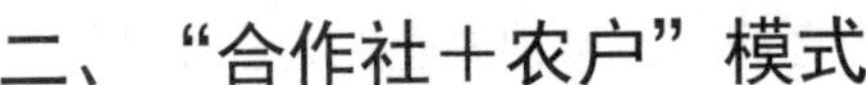

二、“合作社＋农户”模式

农村专业合作社是农民“产供销”的一个重要平台，在获得政府资金、政策等多方面的支持下，农村专业合作社可以充分发挥连接市场与农户的纽带作用，能够有效地获取市场信息，减少信息不对称所带来的损失；能够加强对农户的技术指导，提高作物的产量和质量；能够极大地降低生产资料的购置成本，节约资金；能够有效地防范和抵御风险，即便是出现了风险，也是合作社共担。这种模式成立的前提是合作社与农户签订合同确定权利和义务关系，合作社为农户提供了一个更高的平台，通过“抱团”发展，有力地推动集约规模化经营，促进农业管理的科学化、现代化和可持续化，减少农户的顾虑；农户提供土地获取租赁收入，同时入股合作社参与分红。以江西省于都县仙下乡石陂万亩高产油茶暨产业扶贫示范基地为例，该基地按照“五统一分”的开发原则，采取“合作社＋贫困户”的经营发展模式，以基地建设带动精准扶贫，在充分尊重贫困户意愿的基础上，把土地统一流转给大户，以“由本地大户引领示范，群众以地用劳参与”的模式参与经营管理。贫困户以土地或资金入股、投工投劳、农户认领等方式参与基地经营管理。合作社只能将贫困户入股的资金用于基地建设、生产与经营；专业合作社实行独立核算，自负盈亏；以公历年度计算，每年分红一次；若发生经营性亏损，合作社按信用社同期贷款利息以上标准支付贫困户入股资金补偿；合作社确保入股贫困户优先参加技能培训、到基地务工和承包基地的分段劳务工程，带动当地群众积极投身产业发展。于都石陂村示范基地的建成，有效带动了贫困户稳定增收，是村民长期致富的一个重要出路。

三、“企业＋合作社＋农户”模式

“企业＋合作社＋农户”模式是“企业＋农户”模式和“合作社＋农户”模式的优化升级模式，它为加强企业、合作社和农户的协作提供了良好平台，能够促进农村形成“共赢”的新局面。为保障各方的利益，企业、合作社和贫困户三者之间签订合同。企业为合作社的发展提供资金、技术和人才支持，优化合作社的管理模式，并为合作社和贫困户及时提供市场信息，紧跟市场状况来对生产做出调整，最大限度地减少各方的损失；合作社能够有效地保障企业生产和发展所需的劳动力和生产原料的提供，利于企业的发展壮大，也能够促进贫困户增收致富；合作社的存在使得贫困户拥有了一个维护自身合法利益的更高平台，也能够规范农户的生产，提高其生产效率。以油茶产业为例，贫困户通过合作社就流转方式、管理方式、种植规模、作息时间以及利益分配等与企业进行协商，协商一致后，双方通过签订合同来保障各自的利益。在此过程中，政府通过与银行合作，让银行提供贴息或低息的“光伏贷”和“脐橙贷”，解决企业和贫困户融资和资金周转的问题。企业邀请专家开办培训班使贫困户掌握有关栽培的理论知识并对贫困户的栽植进行实地指导，做到理论与实践相结合；出钱平整土地、购买苗种，出力流转土地、规划土地。贫困户则一方面提供土地，充当劳动力，对自己的“私田”进行管理，另一方面通过入股企业，得到分红。贫困户还可以将其作为自己的“副业”，腾出时间做其他工作，只要各自管理好自己的“私田”即可。

四、“党建＋企业＋合作社＋农户”模式

“党建＋企业＋合作社＋农户”模式在“企业＋合作社＋农户”的基础上突显了党建的作用。基层党员、企业、合作社以及贫困户之间加强协商和合作，建立协商合作机制和利益争端解决机制，阐明产业精准扶贫项目给多元主体带来的好处，对“产供销”、财政补贴、利益分配、合作模式、监测评估方式、利益协调、党建所起的作用等一系列问题进行协商，激发多元主体参与产业精准扶贫的积极性。基层党员发挥先锋模范作用，耐心诚恳地与贫困户进行交流互动，为贫困户提供咨询服务，解答贫困户内心的疑惑，真正做到全心全意为人民服务，让贫困户放心、舒心、暖心，让贫困户积极地参与产业精准扶贫项目。

第三节　产业精准扶贫建议

一、推动资源优势转化

农村贫困地区最大的优势就是拥有独特的资源环境条件和农产品，合理利用这些资源优势和产品优势，即可发展为具有较强竞争力的特色产业甚至是支柱产业。虽然我国现在已经消除了绝对贫困，但是由于贫困地区市场发育严重不足，仅依靠产业结构演进的内在规律性，贫困地区农村产业结构调整优化将需要一个漫长的时期，这对于推进地区产业发展、促进人民脱贫致富具有严重的阻碍作用。因此，贫困地区农村产业结构优化调整不能仅依靠本地企业、市场的自发力量，同时也需要政府联合市场，积极发掘和发挥资源优势，推动资源优势向产业发展优势转化，引导和扶持特色产业发展。

政府需要发挥引导作用，积极发掘农村贫困地区特色农牧业资源优势和特色农副产品品牌优势，促进特色资源优势向特色产业优势转换，优化农业生产结构，发展特色产业。

第一，政府需要联合科研院所等研究机构对贫困地区特色资源和传统特色产品发展状况与分布状况展开调查，分析研究贫困地区特色资源和特色产品的市场需求和发展空间，结合各地区经济区位状况和已有的产业配套服务设施水平，为各地区发展特色产业定位，确定产业的发展目标和方向。

第二，政府要有针对性地编制贫困地区特色产业发展规划，结合贫困地区的气候、土壤与适宜作物等自然条件、经济基础和产业发展潜力等，以培育和巩固优势特色农产品为目标，制定符合地区实际、彰显地区特色和具有较强市场竞争力的产业发展战略。

第三，防止产业重复建设和恶性竞争，通过产业发展规划等推动中央和省级政府对区域农产品生产的有效调控，深入推进“一乡一业、一村一品”农业生产策略的实施。

第四，推进贫困地区特色产业发展战略的全面实施。为实现贫困群众全面参与特色产业发展，必须深入贫困地区农村进行实地考察，发掘其特色资源、传统技术和传统特色农产品，结合农村特色资源开发利用现状和潜力、特色产品发展基础以及贫困人口思想观念，合理开发设计产业发展规划项目。第五，转变贫困地区农业生产方式，以发展现代农业为目标，推动农业规模化生产经营，提高农业劳动产出率。

农村贫困地区必须加快产业结构升级，推进二、三产业发展，推动特色农产品加工业和乡村旅游业发展。贫困地区大力发展特色农产品加工业，可以在本地延长农业产业链条，推动特色农产品深加工，提高农产品附加值。鉴于贫困地区和旅游资源富集区空间重合的特征，政府可以引导贫困地区优先发展乡村旅游业。国家需要组织各级政府通过不同层面对全国旅游资源开展实地调查和资料收集，建立全国性的旅游资源信息系统；各级政府根据旅游资源信息系统编制乡村旅游发展规划，充分挖掘地区旅游资源特色，紧密结合市场需求，开发特色旅游产品和项目；围绕乡村旅游发展特色农副产品生产加工业、交通运输服务业及文化服务培训产业等。

二、加大资本投入力度

增加资本投入是打破“贫困的恶性循环”的重要因素，美国发展经济学家罗斯托（Rostow）认为在经济起飞前期必须有“最低限度的社会先行资本的积累”，因而提升贫困地区的资本形成能力有利于推进地区产业发展。贫困地区产业资本的形成既需要前期政府财政资金的扶持，也需要其他渠道资金的投入，而提升资本的形成能力则需要将资金投入具有良好发展潜力和发展效益的项目。

在国家全面建成小康社会和扶贫开发战略等进一步实施过程中，贫困地区资本的形成需要中央和省级政府继续加大财政资金的投入力度。政府可以采取提供财政贴息或支持贷款担保等形式鼓励商业银行为贫困地区产业发展提供贷款。在可实施金融监管有效防范金融风险的前提下，政策性银行应该为贫困地区产业发展提供更大的融资平台，倡导和鼓励民营的小额信贷银行、合作银行、私人银行等多种形式的农村民间金融健康发展，鼓励社会各种经济体兴办为贫困地区农业产业化建设服务的多种金融实体，加快企业信用体系建设，壮大贷款担保机构实力，搭建银企沟通对话平台，有效解决贫困地区企业融资难问题。创造有利的产业发展环境，吸引各类民间资本，特别是要吸引发达地区的产业资本投向贫困地区产业建设，如加强财政资金对龙头企业的扶持，按照扶贫龙头企业扶持的贫困农户数量，给予企业相应额度的贷款贴息，利用财政扶贫资金为贫困农户支付就业培训费用等，促进各类资本向农村贫困地区转移。

政府需要保证财政资金切实发挥其基础性和引导性作用。政府应该加大对贫困地区基础设施建设的投入，并鼓励和吸引民间资本投入一些能够产生经济效益的基础设施项目，努力形成基础设施投资主体多元化的格局，为产业开发和经济发展提供良好的基础设施支撑。贫困地区政府需要优化投资结构，引导有限的资金优先投向产业开发和经济发展的重点区域，在确保重点的基础上根据财力增长状况再向周边梯次推进、逐步延伸。此外，财政资金应集中支持贫困地区农业基础研究和公益性项目研究，加速农业科技进步，如政府相关主管部门可采取给予资金奖励、税收减免等形式鼓励支持中小企业积极进行技术改进升级和开展品牌认定工作。

三、针对性选择产业项目

贫困地区产业发展必须紧紧围绕“促进贫困人口脱贫致富”，既要充分考虑市场需求，又要结合贫困人口的经济能力、经营能力和拥有资源等，保证贫困人口积极参与发展质量高、效益好的产业项目，提高产业扶贫的效率。因此，地方政府必须根据实际情况，制定能够充分发挥贫困人口主动性的项目，促进贫困农户积极参与，有效增加贫困人口的经营性收入。

当前贫困地区农户参与的产业项目主要还是依靠政府引导，农民特别是贫困农户没有发言权，以至于一些产业扶贫项目不能有效实施，贫困人口不能真正获益。一些地区政府常常根据当年市场需求决定下一年地区产业发展方向，贫困农户盲目跟从，结果不仅不能实现增收，反而加深了农户的贫困程度，以至于贫困人口丧失了参与产业扶贫的积极性。一些产业扶贫项目需要经营者有一定的生产资金，这与处在温饱线上的贫困人口的实际能力相悖，致使真正的贫困人口有意愿但是没有能力参与产业扶贫项目。另外，一些偏远、交通不便、信息闭塞的贫困人口被边缘化，不能参与到产业扶贫项目中，不能享受到产业扶贫项目的优惠，其生产经营活动仍然停留在自给自足的小农经济阶段，从事的农业生产活动仍然只能解决温饱问题，采用传统的农业生产经营方式生产的产品结构单一、品质差、市场化率低。

为促进贫困人口甩开“贫困”帽子，实现脱贫致富，必须发展真正能惠及贫困地区所有贫困人口的项目。

首先，必须创新产业扶贫项目遴选机制，保证贫困人口在产业扶贫项目选择方面的发言权，充分发挥贫困人口参与特色产业扶贫的主动意识，增强其参与特色产业扶贫项目的积极性。这主要是因为贫困人口对自身经济实力、经营能力和地区资源特色认识更加清楚，能够选择更加具有地区特色的产业和能够真正落实到其自身的产业项目。同时，贫困人口可以根据自己在产业扶贫项目中的问题，提出相关意见，推动政府及相关扶贫部门给予资金、技术培训等项目支持。

其次，政府需要建立产业扶贫评估机制，将贫困人口作为评估主体。这是因为贫困人口作为特色产业扶贫对象，对特色产业扶贫的效果了解得最为深入透彻，保证其评估发言权对于产业扶贫效果评估具有重要作用。

最后，政府需创新产业扶贫项目的利益分配机制，保证贫困人口的权益，确定其从产业扶贫项目的实施过程中受益，最终实现特色产业扶贫的目的。

四、创新产业利益联结机制

创新产业扶贫利益联结机制，必须推动农业产业化经营。农业产业化经营是一种利益共享的新型合作关系，推动农业产业化有助于贫困农户真正享受到产业扶贫利益。

首先，贫困地区发展农业产业化经营，实施种养加、农工商一体化经营模式，可以有效延长农业产业链。产业链的延长可以直接将农业生产与市场有机结合，在更大范围内实现资源配置；改变农业只提供原料和初级产品、附加利润低的状况；增加农产品加工产品的比重，提高农业的比较利益。

其次，农业产业化经营可以加强不同经营组织间的利益联系，共同打造一种产业，有利于克服农户分散经营、小规模经营的高成本、高风险弊端；实现规模经营，有利于充分利用贫困地区各种资源，使用先进的科学技术，降低农产品生产成本，增强其市场竞争力，提高农业生产经营利润。

最后，推进农业产业化经营可以增加农户收入来源，也可以保证农户收入。农户可以把土地承包经营权流转给集体以获得租金等财产性收入，也可以在承包的土地上进行农业生产获得家庭经营性收入，还可以到当地企业或经营性组织务工从而获得工资性收入。

农户可以参与农业产业化经营组织实现产业发展利益共享。农业产业化中常见的利益联结组织载体有“龙头企业＋农户”“合作社＋农户”“龙头企业＋农业专业合作组织＋农户”等，常见的形式有合同制、合作制、股份制等。其中，“龙头企业＋农户”就是一种既可以是合同制形式，也可以用股份制形式展开的组织载体，企业预先与贫困农户就农产品收购数量、价格签订合同，并为农户开展农业生产提供技术指导，能有效地降低农户生产经营的市场风险并提高其经营性收入；而农户以资金或者土地直接入股企业是一种股份制的利益联结形式，通常农户以土地入股，并进入企业参与劳动，可以获得按劳分配和按股分红的工资性收入和财产性收入。农户专业合作组织是破解企业与单个农户直接对话难题的一种合作制形式，合作组织集中购买农业生产需要的各种资料，并直接与企业对接，实现农产品的直接销售，能够有效地降低分散农户的市场风险。但是这几种模式各有其弊端，而将股份制和合作制相结合，建立股份合作制的利益联结形式，即个体农户首先集资入股成立农户专业合作组织，再以合作组织入股龙头企业，既能减少企业谈判协商的费用，又能提高合作组织的话语权，充分保障贫困农户的权益。

五、保障特色产业人力资源供给

围绕贫困地区特色农业发展，必须加大科技人才引进力度，推进农业技术推广创新体系建设，培养农业生产专门性人才。

首先，政府需积极与各大科研院校和科研机构展开合作，引导贫困地区加快建设区域农业科技创新中心、农业科研院所、农业科技试验站和农村各种专业协会等，增强产业科技创新能力，促使优势资源与现代科技相结合，淘汰或改造传统落后产业，发展特色优势产业，增加特色产品科技含量，提高特色农产品附加值，增强产业发展潜力。

其次，政府必须联合企业建立农业技术推广队伍，向贫困农户免费推广一些高附加值的种养业技术和先进生产设备的使用技术，或者引导市场机制来配置农业技术推广资源，提高贫困农户的生产技能，增强特色产业发展的人力资源支撑。

最后，还需要完善人才开发资金投放机制，培养农业专业人才，为特色产业发展提供智力支撑。通过选拔一批优秀学生到农业职业院校学习、到农业专业合作社或龙头企业实践等形式，提高新型农业经营者的技能水平和管理水平，培育一批特色农业的领军人物。

六、完善贫困人口就业培训机制

贫困地区特色农业产业化发展需要一批高素质、高技能的劳动力资源。健全培训经费投入机制，强化管理和考评机制，以实现就业培训效益的最大化为目标，创新就业培训制度，建立健全就业培训机制，有助于促进贫困人口就地就近就业。可借鉴国外发达国家或者农村劳动力向非农产业转移成功的国家或地区在劳动力培训和就业方面取得的经验，促进贫困人口转移就业。此外，还需完善关于就业培训的相关法律法规。

第一，建立健全就业培训工作的法制机制，制定一整套合理完备的就业培训法律法规，明确规定贫困人口就业培训资金分担成员和分担份额，明确规定贫困人口就业培训资金的筹集时间和使用方向，尤其是国家财政拨付资金的使用时间和方向；制定就业培训质量审核制度，如劳动就业预备制度、职业技能证书审核制度等，提高就业培训工作的效益。

第二，建立健全就业培训工作的投入机制，打破财政资金是就业培训资金唯一来源的现状，实施多元化的培训资金投入机制。制定相关制度及政策，鼓励发展以向贫困人口提供就业培训为主、自负盈亏的培训机构，推动经营主体自筹资金；政府作为就业培训工作的最大支持者，需加大对农民工就业企业培训机构的资金帮扶力度；引导国有企业等机构资金向贫困人口职业培训工作投入；用工企业作为就业培训工作的最大受益者，明确对培训工作成本的分担份额；贫困人口是就业培训工作的直接受益者，必须鼓励其用少量的资金投入自身的人力资本积累，以便在日后的劳动力市场更加具有竞争力并创造出更多的价值

第三，建立健全就业培训工作的监管机制，让政府脱离经营者这重身份变成单纯的管理者。政府需设立专门的管理机构，形成规范化的工作机制，加强对就业培训工作的监管。贫困地区政府应该运用财政资金、税收补贴等经济手段构建有利于培训事业发展的宏观政策环境，促进市场经济发挥调节功能，调动各方社会力量投身于贫困人口转移就业培训事业。建立培训数据网络，了解当前地区产业发展方向和培训存在的问题，强化培训工作的方向性规划和扶持政策的执行。特别是要引导培训机构与用人企业之间展开合作，提高培训就业工作的针对性和实用性。建立能够有效评估培训效果的考核审查机制和奖惩方案，提高培训工作的效益，增强贫困人口在就业市场中的竞争力。

第四章　旅游扶贫视角下的农村扶贫脱贫

在乡村振兴背景下，乡村旅游不仅是农民就业的重要渠道之一，更是有效吸纳贫困人口就业的重要途径。本章从乡村旅游扶贫基础理论入手进行分析，对乡村旅游扶贫的概念、内涵、意义、影响，乡村振兴背景下乡村旅游扶贫方式选择，乡村振兴背景下乡村旅游扶贫可持续发展进行探究。

第一节　乡村旅游扶贫概述

一、贫困及旅游扶贫的概念

诺贝尔经济学奖得主阿马蒂亚·森认为，贫困的真正含义是贫困人口创造收入的能力和机会缺乏；贫困意味着缺少获取和享有正常生活的能力。所以，贫困不是数量上的绝对贫困，扶贫也不只是减少贫困人口数量，而是应当通过相关措施提升贫困人口自给自足和正常生活的能力，并通过教育或技能培训等来提升贫困人口的文化素质，通过医疗政策等保障贫困人口看得起病，最大限度地避免因病致贫、因病返贫等情况，通过住房补贴以及必要的社会保障政策的实施来缓解生活上的困境，让贫困人口能够体面地生活。之后，再借助发展相关产业带动更多的人创业、就业，使其获得生存技能，在逐步摆脱物质贫困的同时，真正摆脱心理上的贫困，使其能够在生活中以更加积极的态度开展实践活动，最终实现从心理到社会、政治、经济、文化等的全面扶贫。

在长期扶贫工作开展过程中，国家寻求了多种有效的扶贫方案。其中，旅游业在扶贫方面有着更强的针对性和高效性。随着我国经济社会的发展以及居民生活水平的提升，旅游市场规模不断扩大，旅游成为许多家庭的生活常态。在旅游地区挖掘层面，处在贫困地区的农村却有着极为丰富的自然资源以及极具特色的文化环境，依托当地地理特性及文化特性，为当地文化产业的发展奠定了基础条件，同时为当地进一步开展旅游扶贫项目提供了重要条件。因此，乡村旅游已成为国家扶贫战略的重要力量，“旅游扶贫”的概念也随之提出。

经过多年的实践和研究，学术界对旅游扶贫的定义已有比较多的论述。1999年4月，英国国际发展局在可持续发展委员会的报告中提出了PPT（Pro-poor Tourism）[1]的概念。强调旅游扶贫不应只关注“物质贫困”，更应当重视贫困人口的“观念贫困”。也就是说，通过综合开发利用贫困地区的独特旅游资源，建立旅游经济实体，把旅游业发展成为区域支柱产业，实现贫困地区居民和地方财政的双重脱贫致富。

旅游扶贫是一种特殊的贫困援助形式。贫困地区在主体条件、基础设施、人力资源、融资能力等因素上难以实现自我激活，难以主动开展创新创业，仅靠自身力量难以盘活当地丰富的资源开展经济活动，因此，需要借助外部力量来推动当地经济发展。现代旅游业是一项集基础设施投资建设、配套服务体系建设等于一体的系统工程，依靠贫困地区农民自身的力量很难使贫困村得到有效、科学的发展。为此，旅游扶

[1] PPT，即扶贫旅游，也就是有利于贫困人口的旅游。它与一般旅游的不同之处在于，在一般的旅游开发中，投资者、经营者（旅游企业、旅游景区、景点）的经济利益是被放在第一位的，一切都围绕投资者、经营者的利益运转。而在扶贫旅游的规划与开发中，其开发的目标被转化为使贫困人口的经济利益达到最大，并且注重贫困地区经济发展机会的开发，所以扶贫旅游规划和开发的目的在于改变贫困地区落后的现状。

贫，特别是乡村旅游扶贫的重要性得以凸显，以政府、民间组织、企业等的资金和技术为重点，可以最高效率地开发当地旅游资源，通过贫困地区产业的转型与升级进一步实现贫困地区的长效发展。

旅游扶贫在扶贫属性上具有较为明显的特征。旅游扶贫不同于传统意义上的旅游发展，也与传统形式的扶贫行动有所区别。旅游扶贫的目的不仅在于提高当地贫困人口的经济回报率，还在于从根本上提升当地贫困人口的生活质量和水平，并最大限度地实现当地旅游业的可持续发展以及旅游资源的永续利用。因此，在实际旅游扶贫过程中，要结合贫困地区的实际情况，使政府、职能部门和开发公司做好分工、协助工作，最大限度地实现旅游扶贫的目的，提高扶贫成功率。

二、乡村旅游扶贫的内涵与原则

乡村旅游扶贫实质上是利用贫困地区或是农村特有的自然、人文和社会资源，吸引政府和经济发达地区的资金助力贫困地区产业发展，为贫困地区创造更多的工作机会，增加当地旅游收入，促进农村旅游业的发展。旅游业的发展也会助力贫困地区其他产业经济的发展，进一步实现贫困人口的经济、社会和文化的均衡发展。

（一）乡村旅游扶贫的内涵

乡村旅游扶贫具有十分丰富的内涵，不仅强调国家扶贫的使命感，同时也注重乡村旅游发展的科学性。

首先，乡村旅游扶贫工作具有一定的使命感和责任感。其中的使命感及责任感主要体现在旅游从业人员及相关旅游管理人员都应当承担社会责任，带动贫困居民脱贫，充分承担起自身的社会责任。在具体实施的过程中，可以通过智力援助，也可以通过投资、合作、租赁等方式参与当地乡村旅游的发展。

其次，乡村旅游开发要强调科学性。乡村旅游资源的价值评估、产品体系、市场选择与营销、商业规划与保障体系等都必须进行科学规划与设计，要将因地制宜贯彻于实际乡村旅游开发过程中，强调农村群体

在乡村旅游开发中的主体地位，同时在帮扶过程中要实现农民主体思想上的转变。过去，扶贫主要是以政府为主体，采取直接投入现金的扶贫模式，并没有注重农民在乡村旅游开发过程中主体地位的提高。因而，在当前背景下要转变思路，给予贫困地区农民更多机遇，激发其自身驱动力，使其投身于旅游经济发展过程中。

最后，需要一系列的支持政策。乡村旅游是国家的一项重要战略工程，应当从国家层面一直到乡级单位都制定一以贯之的政策方针。比如，山东省政府设立了每年2亿元、连续三年的乡村旅游专项资金，为全省的乡村旅游计划、示范工程、“两化”补助、经营者培训等提供有力支撑，效果良好。总之，乡村旅游扶贫是一项能使农民脱贫致富的民心工程。

（二）乡村旅游扶贫的原则

旅游扶贫主要是指在欠发达地区利用各种外部力量，支持当地旅游产业的发展，通过旅游业间的关联带动，实现群众脱贫致富的旅游发展方式。当前乡村旅游扶贫工作的开展应遵循以下原则。

1. 因地制宜原则

第一，要根据当地旅游资源和基础设施条件，寻找个性化、可实施性强的扶贫方式。

第二，要突出地方特色，不盲目跟风，充分发挥地方经济发展对旅游扶贫的促进作用，提高当地居民生活水平，改善生态环境，优化旅游社区结构。

2. 贫困人口参与原则

旅游扶贫开发强调通过发展旅游项目为贫困人口提供机会。一是在旅游扶贫过程中，优先培养并肯定贫困人口的自我发展能力，提高贫困人口参与程度，保障贫困人口基本需求。在这方面，政府和非政府组织的作用不容忽视。二是强调多方面的旅游扶贫开发，其目标已经从单纯的经济收入增长扩展到一系列生活水平（包括经济、社会和环境）的提高，应当逐步实现旅游发展产业化、规模化。

3. 均衡发展原则

旅游业综合性强、关联度高且具有完善的产业链，因此，将旅游扶贫与现有的多种旅游系统和其他行业相关联至关重要。与旅游产业相关的附加产品和部门，如运输和市场，应当积极支持旅游扶贫开发，注重产业链各环节的宏观、微观等多样化活动共同协调发展，充分发挥集聚效应，创造更大的经济效益及社会效益。

4. 可持续发展原则

扶贫是一项长期的系统建设过程，实现旅游业可持续发展是当地居民脱贫致富的根本保障。因此，在旅游资源开发利用中，必须做到适度开发与资源保护相统一、短期效益与长期效益相统一，增强旅游业可持续发展能力，避免规模过度扩张，追求可持续发展。

三、乡村旅游扶贫的战略意义

乡村旅游扶贫是促进农村发展的重要手段之一，对贫困地区经济的发展以及产业的带动有着十分重要的作用。

（一）旅游发展的规律与特点

多年来，旅游业的发展形成了四个转化效应，即旅游可以将无效的材料转化为有效的资源，将有效的资源转化为高价值的附属产品，将旅游产品转化为市场的有效需求，将需求转化为社会各方面的经营效益。许多资源在其他行业可能没有用处，但在旅游过程中可以成为重要的资源，助力乡村脱贫致富。

（二）乡村旅游扶贫在各个方面均起到了多功能全方位的推动作用

在旅游扶贫发展过程中，旅游产业的发展对贫困地区经济的发展起到了重要的带动作用，在此基础上也带动了相关行业的发展。

第一，乡村旅游扶贫有助于带动相关产业的发展，创造更多的就业途径。由于贫困农村不涉及城镇化，特色旅游资源相对集中且保护完好，发展乡村旅游将有助于发挥生态优势，突出资源价值，摆脱地方贫困，带领更多群众脱贫致富。贫困地区以发展乡村旅游业为重点，带动了餐饮、住宿、交通等其他产业的协同发展，形成了人流、物流、旅游等的互动。信息和资金的流动激发了旅游业的乘数效应，相关产业的繁荣必然直接或间接促进更多就业途径的产生，农民可以自己创业，也可以采取到相关公司工作的方式，在家门口找一份满意的工作，实现脱贫致富。

第二，乡村旅游扶贫有利于优化农村人居环境，加快城乡统筹发展。发展乡村旅游可以使城市旅游者回归农村，城市居民的到来也可以促进农民环保意识的提升和传统陋习的根除，带来人们观念的更新和生活方式的改变，从而推进城乡一体化进程，促进城乡协调发展。乡村旅游的发展促进了人才、资金、信息、商机等的顺畅流动，为贫困地区了解城市文化和文明、更新观念打开了一扇窗。再加上政府机构和企业的智力和技术支持，提高了农村人口的综合素质和就业创业能力，有助于改善当地基础设施和村容，实现农村的有效治理，繁荣农村生活，有利于物质文明和精神文明的协调推进。

第三，乡村旅游扶贫有利于促进农村开放发展。随着旅游业的发展，贫困地区农村一些传统的束缚被打破，汹涌的人流、物流刺激了农民的致富意识和自我发展的信心，使被动扶贫转变为主动扶贫，激发发展内生力。

第四，发展乡村旅游扶贫可以带动农村经济的转型升级。随着我国经济发展进入新常态，农村经济也需要紧贴宏观经济背景，实现由传统粗放型农业向集约型农业、由传统要素驱动向创新驱动的转变。改革开放40多年来，在我国旅游发展的实践中，许多革命老区、少数民族地区和落后农村地区通过发展乡村旅游，实现了产业结构调整和经济发展转型升级，最终实现了脱贫致富。

四、乡村旅游扶贫的影响

（一）乡村旅游扶贫的社会经济影响

乡村旅游扶贫的社会经济影响主要表现在以下四个方面。

第一，乡村旅游扶贫可以增加地方财政收入，增加农民就业机会等。当地农民通过多种方式参与到乡村旅游开发和建设中，可以实现增收。比如，在农村地区逐步兴起的民宿以及农家乐等，可以直接为农民带来可观的收入。世界旅游组织曾对旅游行业做过一个统计，该统计数据显示，当旅游收入增加1元时，其他相关行业的收入可增加4.3倍；旅游行业增加1个就业岗位，可以带动其他行业增加5～7个就业岗位。由此可以看出旅游行业与其他行业联系紧密，因此，在乡村旅游扶贫项目开展过程中，要大力完善基础设施建设，带动更多行业发展，为更多的农民提供收入，缓解就业问题，进一步推进脱贫致富。

第二，乡村旅游扶贫可以促进农村产业结构的优化升级。乡村旅游不仅能够带动住宿业、餐饮业的发展，而且能够带动当地农副产品加工业、手工业、交通运输业的发展。许多城市居民喜欢乡村清新、安逸的环境，也对当地具有特色的手工艺品以及特产等十分感兴趣，在旅游过程中受当地极具特色产品的吸引，会增加在当地的消费。除了品尝当地的特色小吃、观看手工制作外，众多到此地旅游的游客也会购买很多纪念品，部分纪念品用于自身收藏，部分纪念品用于馈赠亲朋好友。旅游业促进了当地农村商业贸易的发展，也传播了农村特有的文化，提高了土地利用率，使旅游业与当地更多的产业融合，延伸了农村产业链，提高了农村第二、第三产业的比重。发展乡村旅游，就是要实现农产品的规模化生产，并积极引进高新技术，促进以农产品和深加工为主的乡村公司的发展、民间手工艺的再加工生产以及贸易和交通的发展。

第三，乡村旅游扶贫有助于完善当地农村基础设施建设。为了更好地发展乡村旅游，提升游客的体验，首先应当完善各种交通设施，增加基础设施投资，提高整体接待能力，满足日益增长的游客需求。与此同时，应建设垃圾处理站，走绿色发展之路，并增加绿化面积，美化环境，使农村经济发展与环境保护齐头并进，进一步促进当地经济的可持续发展。基础设施的发展有利于乡村旅游的快速发展，而乡村旅游的发展反过来也加快了基础设施投资建设，二者相辅相成、相互促进。

第四，乡村旅游的发展对当地社会经济的发展有着持续的激励作

用，但也有着负面的影响。随着乡村旅游的发展，旅游人数增加，垃圾增多、环境污染、非乡村文化渗透，使文化底蕴深厚的乡村文化氛围减弱，资源问题日益凸显。而这些问题需要在发展乡村旅游的过程中充分重视并予以积极解决，只有合理开发与科学运用，才能实现乡村旅游经济的可持续发展。

（二）乡村旅游扶贫对文化环境的影响

乡村旅游地的社会文化环境应当是一个超稳定的结构系统。但是，随着大批外来游客的涌入，这样一种稳定的平衡状态逐渐瓦解，正负两方面的影响并存，并随着时间的推移而不断演变。如果负面影响太过严重，矛盾和冲突的爆发必然不可避免。此时，要做的便是通过优化管理，优化旅游地的社会环境，创造新的动态平衡，将旅游扶贫进程中所遇到问题的负面影响降至最低，将乡村旅游扶贫的效益发挥到极致。

1. 外部干预因素对乡村旅游地社会文化的影响

旅游者停留时间会对乡村旅游目的地产生社会文化层面的影响。如果游客在旅游目的地停留时间较短，其行为往往会表现出与平时不同的一面，激发当地居民的模仿意识，旅游目的地原有的传统生活方式和居民对当地文化的认同感就会相应改变。相反，如果游客在旅游目的地长期停留，不仅会与当地旅游从业者有商业联系，还会与农村居民有经常性的联系。一方面，游客可以体验到最朴素的旅游文化，另一方面，他们的异化行为较少，有利于当地居民正确认识外来文化，避免盲目模仿。

旅游类型也会对乡村旅游目的地产生社会文化层面的影响。旅游目的地接待的旅游者大致可分为五类：存在型旅游者、试验型旅游者、体验型旅游者、休闲型旅游者和娱乐型旅游者。由于旅游者的类型不同，其购买的旅游商品会不同，要求的服务标准也不同，这也会直接对旅游目的地的社会文化产生不同的影响。旅游者的物质文化优越感也会影响当地居民的文化认同。乡村旅游目的地大多集中在农村地区，与城市相比，经济落后、物质水平低，当主客双方在旅游活动中相互接触时，就会出现物质文化差异。

2. 内部因素对乡村旅游地社会文化的影响

旅游地居民特征会对乡村旅游文化产生影响。旅游目的地居民的特征包括两个方面：一方面是指居民接受外来文化的意识和能力；另一方面是指居民对旅游业的参与程度，包括对外来文化的参与程度。居民对外来文化的不同态度对旅游目的地的社会文化也会产生影响。为了衡量一个地区旅游资源的成功与否，必须考察该地区旅游业的发展是否在旅游社会文化方面是一个动态的发展过程，因为受时代、文化和价值观的影响，居民对外来文化的接受和排斥程度不同。居民参与程度也会对旅游社会文化产生影响。在当地旅游业发展过程中，有的只是普通的服务员或店主，有的则是依靠商品进行旅游活动。此外，一些人还作为管理者或投资者参与当地旅游管理的决策和旅游收入的分配，这类群体对旅游业的发展保持乐观态度。但是，由于乡村旅游业的发展，一部分人会失去赖以生存的土地，从而对旅游业的发展持消极态度。

农村旅游业的发展带动了区域经济的发展，为此，旅游地的政府机关积极地推出了一系列优惠政策。政府对旅游业在地方经济发展中的定位直接关系到旅游地社会、文化环境的优化。

首先，地方政府对旅游业的定位给当地社会文化带来了影响。对于发展乡村旅游而言，定位非常重要，它决定了政府对旅游开发的重视程度以及优惠政策的提供情况。如果政府过于依赖外部投资，并赋予外来投资者过多的权益，则会给当地社会文化带来一定的负面影响，最终会损害当地居民的利益。

其次，旅游景点的空间发展模式对观光地的社会文化也会产生影响。旅游活动关系到观光地的空间模式变化，如果旅游景点商业空间过大，则不能满足游客的心理需求。此外，在整个观光地总体空间有限的情况下，旅游地空间的扩大必然导致当地居民居住空间的缩小。

五、乡村旅游扶贫及价值诉求

乡村旅游扶贫依托乡村旅游资源，通过发展乡村旅游业，发挥乡村自身“造血功能”。同时，乡村旅游要强调扶贫的重要性，发展乡村旅游只是促进当地经济发展的一种方式，最终的目的是实现当地脱贫，并做好资源开发与生态保护等各项工作，实现当地旅游经济的可持续发展，为当地民众提供致富之路。

乡村旅游扶贫是一种涉及多个利益群体的扶贫模式，其扶贫效果受到多个利益群体的制约和影响。一般来说，乡村旅游扶贫的利益群体包含四个方面，即社区居民、旅游者、旅游企业和地方政府。这四个利益群体相互影响、相互作用，各自立场既有相同之处又有不同之处，因此，其利益诉求和价值诉求呈现出同中有异的特点。在实际乡村旅游扶贫工作中，只有合理调整四者的利益诉求使其达到和谐统一，才能最终实现旅游精准扶贫的可持续发展。

（一）社区居民的价值诉求

社区贫困居民是农村旅游精准扶贫的最核心受益主体和最终受益者，所有与旅游扶贫相关的活动都必须在农村旅游区开展，所以首先应当满足当地社区居民的价值诉求。社区居民的利益诉求主要体现在对经济价值的诉求上，希望通过乡村旅游带来更多的经济收入，脱离贫困状况并持续提高生活质量。同时，社区居民也希望通过乡村旅游促进就业，在大力发展经济的同时维护好当地自然文化环境，并做好当地文化的传承工作。但需要注意的是，在实际旅游产业发展过程中，不同的居民对旅游扶贫的态度和对自身利益的诉求存在差异，特别是居民参与情况会直接影响利益的分配。因此，在扶贫过程中，需要因地制宜地依据不同贫困人口做好旅游扶贫工作，满足不同贫困人口的需求并积极进行必要的扶贫，这样才能真正达到“真扶贫”“扶真贫”的精准扶贫效果。

（二）旅游者的价值诉求

旅游者即游客，在乡村旅游产业发展与创新过程中，作为乡村旅游产品的消费者，旅游者的价值诉求不能忽视。乡村旅游产品的开发需要获得旅游者的肯定与认可，在此基础上才能设计出更加吸引游客的旅游方案及模式，获得更多的开发收入。因此，在乡村旅游精准扶贫开发过程中，必须获得旅游者价值诉求的优先权。而根据分析可知，旅游者希望体验更真实、更有特色的乡村旅游，所以作为乡村扶贫项目人员，更应当将旅游者的诉求考虑在内，进一步为游客提供优质的旅游服务和优美的乡村环境。同时，为了提升贫困地区旅游项目的竞争性，还应当看到目前的乡村旅游发展千篇一律，应充分运用当地特色创新形式，让更多的旅游者爱上旅游地，提升旅游者的旅游体验感。

（三）旅游企业的价值诉求

旅游企业是乡村旅游扶贫的主体，在旅游扶贫过程中发挥着关键作用。当前，旅游企业主要有三种类型：第一种是外来企业；第二种是由农村居民集体投资经营的旅游企业；第三种是由农村居民经营的小型家族式旅游企业。三种不同类型的旅游企业有不同的目标定位和旅游评价，但它们都希望通过参与旅游活动获得最大的利润。

（四）地方政府的价值诉求

地方政府在乡村旅游扶贫中扮演着引导者和协调者的角色。地方政府的政策引导并不是盲目的，而是建立在当地居民的需求以及游客的需求之上的。此外，作为乡村旅游扶贫的利益主体之一，地方政府有着促进社会综合发展、维护社会稳定、引导民众舆论以及提高政府政绩等利益诉求。而且乡村旅游开发并不是一个地方、一个部门的事情，而是涉及农业、林业、国土、金融等多个部门的综合事件，这些部门的价值诉求也存在着一定的差异性。因而，更应当注重不同价值诉求的协调工作。在乡村旅游精准扶贫开发过程中，应正视这些利益和价值诉求的差异性，促进旅游扶贫工作的开展。

六、乡村旅游与旅游扶贫的关系

世界经济合作与发展组织的观点是，乡村旅游扶贫应当依托原生态乡村环境、原汁原味的乡村文化来开展相关的旅游活动，借助浓郁乡情来吸引游客的关注及消费。乡村旅游扶贫主要通过农村当地良好的自然资源、人文景观和地域风情等发展当地旅游经济，在乡村振兴战略支撑下，推进生态资源开发与生态环境保护工作；通过大力发展乡村旅游，将贫困地区乡村经济资源盘活，将项目资金引入乡村经济发展，再借助旅游从业人才的引入，进一步寻求适合当地的扶贫模式，改善经济结构，培育支柱产业。在乡村振兴战略背景下，乡村旅游扶贫是扶贫工作中最重要的扶贫形式之一，也是最符合当下国情的扶贫模式之一。

农村地区是我国存在贫困问题的主要地区，而综观大部分的农村地区可以发现，许多旅游资源丰富的地区往往是贫困人口集中的地区，这就进一步为旅游业发展与扶贫相联系提供了基础。从供给和需求的角度看，乡村旅游的发展具有积极的作用，合理开发贫困地区农村优秀旅游资源来发展乡村旅游，能有效扩展农民增收致富途径，鼓励贫困户创业、就业，在政策、技术的帮助及引领下找寻下一步发展出路，减少“空心村”[1]现象。乡村旅游扶贫是一个不断演变的动态过程，在不同的发展阶段存在着不同的矛盾，因此，不同利益主体应当在乡村旅游扶贫过程中做到统筹兼顾，确保资源开发和环境保护工作做到位，实现贫困地区旅游扶贫的可持续健康发展，实现整体利益最大化。

总之，乡村旅游可以在扶贫开发中发挥重要的战略作用。乡村旅游繁荣了农村经济，对村民脱贫致富具有经济价值，同时也是展示新农村的最有效途径。旅游在消除我国农村贫困方面具有重要作用，从农村发展的实践情况看，旅游业发展是农村经济的良好支撑，旅游收入是增加贫困人口收入的新途径。发展乡村旅游扶贫，是实现当地脱贫致富的新途径。

第二节　乡村振兴背景下乡村旅游扶贫方式选择分析

乡村旅游扶贫作为一种有效的脱贫手段，自1986年被纳入国民经济

[1] 空心村：农村建设上，在农民新建住宅的过程中，由于村庄规划严重滞后等原因，农村居民点用地往往不能合理、有效地利用，新建住宅大部分集中在村庄外围，而村庄内却存在大量的空闲宅基地和闲置土地，形成了内空外延的用地状况，即所谓的“空心村”。

发展计划以来，得到了广泛的应用。旅游扶贫形式是广泛的，作为三大产业扶贫的一种，乡村旅游能够以扶贫的形式解决就业问题，向调整区域产业模式的方向发展，不仅能够解决经济问题，而且能够有效改善当地人口就业水平及社会化状况。不同贫困地区的资源、发展条件和政策背景存在差异，如何运用科学的方法选择扶贫项目、选择旅游战略是当下乡村旅游扶贫的核心问题。

一、乡村旅游扶贫项目选择

（一）乡村旅游扶贫项目选择的可行性分析

乡村旅游扶贫项目的选择是决定整个扶贫目标能否实现的关键，主要关系到应当选择合适范围及合理结构的贫困地区。因而需要根据当地特色有效开展扶贫工作，同时根据资源情况进行方向选择，这是提高旅游扶贫效率的关键所在。

乡村旅游扶贫项目选择的可行性分析主要体现在旅游资源分析、贫困人口效益分析、政策可行性分析等方面。在旅游资源分析中，当地资源的高效、科学应用是一个重要的分析元素，无论是人文旅游资源还是自然旅游资源，都需要根据实际情况加以合理利用，最大限度地利用大环境进行项目拓展。具体到贫困人口效益分析，乡村旅游项目开发主要考虑产业链的可追溯性和劳动力解决问题，同时评估项目的合理性以及可行性。根据当地的大政策背景，包括政府财政支持、政府开发政策以及一系列的扶持策略等，进一步规划未来乡村旅游的发展方向。[1]

通过对乡村旅游扶贫项目选择的可行性分析可知，应重点对该项目的前景进行预估与市场准备，结合当地实际情况以及当地人文素养等情况，合理确定当地的受益人数以及受益程度，在开发之初就将开发对象的利益考虑进去，并且借助可行性的资源分析，提高乡村旅游扶贫实施效果。

---

[1] 满孝平，常红旭：《乡村振兴战略下乡村旅游扶贫实践路径研究》，中国市场，2019（21）：20-21.

（二）乡村旅游扶贫项目的目标选择

乡村旅游扶贫项目的目标选择，涉及旅游资源和人口脱贫两个方面。

旅游资源主要包括旅游目的地资源和其他与扶贫旅游开发相关的社会资源。旅游开发项目具有一定的科学性和高效性，因而更应当强调规划开发，利用好区域内各种资源，丰富旅游产业，完善旅游产业链。在农村地区，地方旅游竞争力能够得到充分体现，应借助当地具有特色的人文资源以及地理优势，营造更具竞争力的旅游空间。同时，还应当重点保护和开发旅游目的地的其他公共设施和社会资源，最终实现环境效应、社会效应和经济效应的统一。

在人口脱贫方面，首先应当考虑贫困问题产生的根源。贫困问题产生的根源主要包括经济和心理两个方面。在经济方面，贫困地区存在着产业和结构滞后的问题，在产品生产、收入水平和就业方面都不合理，加之发展方式以及资源开发的不合理，进一步加剧了贫困地区的贫困问题。在心理方面，贫困地区居民与周边地区居民之间存在着不断加大的经济落差，导致贫困进一步加剧，使更多的当地人外出打工，这种不平衡也会进一步导致社会矛盾的恶化。因此，要摆脱所在地的贫困问题，必须从这两个方面入手。在具体的目标选择中，作为村组织者，应围绕成熟景区和成熟线路集中的贫困村，结合现有旅游资源和市场资源发展当地经济，结合国家制定的旅游扶贫规划，细化制定当地的旅游扶贫规划，选择最适合当地的乡村旅游扶贫项目。

二、乡村旅游扶贫创新方式分析

（一）引入外来资本的古镇开发

对于一些历史人文资源丰富的古村镇，引入外来资金进行包装打造，并统一运营，无疑是一条发展乡村旅游的“快速通道”。

例如，临沂竹泉村地处山东省沂南县北部，是中国北方少见的古式村落，后来由青岛龙腾集团投资1.56亿元进行整体打造。经过几年开发，这里已成为一处以生态观光、休闲度假、商务会议为核心，集观光、休闲、住宿、餐饮、会议、度假、娱乐于一体的综合性旅游度假区，也是山东省第一个系统开发的古村落度假区。在开发古村落的基础上，竹泉村还大量挖掘本土文化、美食、民俗传统等，极大地满足了乡村旅游对于文化休闲体验的需求。如今，竹泉度假村已成为国家AAAA级景区。

（二）以爆点带动品牌的“轻启动”

对于一些资源相对贫瘠的地区，通过区域美食、传统手工艺品等的挖掘，凭规模优势和特色打造出“爆点”，也不失为一条可行道路。

例如，陕西袁家村距离西安市8公里，有一定的区位优势。为了开展乡村旅游，当地决定挖掘陕西特色美食，发展民俗民风体验一条街。为了打造最原汁原味的地方美食，他们挖掘最民间的厨师，挑选最本土的原料，坚决不要大酒店和厨师培训学校出来的厨师。最初由于缺乏名气，做出来的美食没人消费，袁家村村委会决定，这些民间厨师只管做，村里给发工资。厨师们做出来的东西，首先在整个民俗街流通，多出的东西发给村民，再送给当地相关部门和企业。后来，随着这里的名气不断扩大，许多店铺的消费者都排起长队。在挖掘美食的基础上，袁家村还不断发展酒吧、民俗体验、民宿等一系列配套措施，以求增强游客的体验度，并延长乡村旅游的产业链。如今，袁家村日营业额超过200万元，年收入超10亿元，仅餐饮产值就超过一个中型城市。[1]

（三）一口价全包的套餐式体验

相比袁家村这种开放模式，还有一种截然相反的封闭模式：依托自己的优势资源，将全村封闭起来，用户只需一张门票，即能享受全部服务。如果说袁家村熙熙攘攘的人流是一种繁荣的美，那么封闭式乡村，通过高门票限制人流，凸显的则是古村镇宁静的美，这种模式也受到众多游客的追捧。

例如，乌村紧邻著名的乌镇西栅历史街区，是背靠京杭大运河的古

[1] 成卓：《对陕西省乡村旅游精准扶贫中几个问题的思考》，科技经济导刊，2019，27（23）：98-99.

村落，总面积450亩，具有得天独厚的自然资源和景区依托。乌村颠覆了中国乡村旅游的传统模式，采用一价全包的套餐式体验模式——集吃、住、行、游、购、娱活动为一体的“一站式”乡村休闲度假模式，一次即可包含吃、住、行和30多项免费体验项目。不能否认，乌村的成功离不开乌镇导入的大量人流，但反过来，乌村也为整个大景区提供了原生态的乡村民俗文化体验。乌村给我们的启示是：毗邻传统大景区的乡村旅游点，完全可以以差异化的产品定位，做景区的配套支撑甚至是对等互补，从而凸显自己的价值，从中分得一杯羹。

（四）基于体验经济的乡村旅游开发

对于旅游者而言，旅游产品是从背包外出旅游开始到回到家中这一时间段所有经历的总和，而在这一过程中，旅游者消费的不是某些具体的产品或资源，而是自己的时间、情感及行动。从这个角度来看，旅游者需求的本质就是想获得一次独特、愉悦而又难忘的旅游体验。在体验经济的背景下，旅游企业经营的核心也不只是提供某一产品或服务，而是为旅游者创造美好而快乐的回忆和体验。与传统旅游相比，体验旅游具有更大的优势。乡村旅游是以乡村地域和乡村风情为主，吸引游客前往观光、学习及休息的旅游活动，其本质是向旅游者提供认识及体味农家生活的某种体验。由此可见，乡村旅游与体验经济之间有着天然的耦合性。

所以，在乡村旅游经济发展过程中，更应当注重游客体验感的营造，要细分旅游市场，明确客群定位，针对目标细分市场进行乡村旅游产品的设计及市场策略的制定，这样企业的经营才能更有针对性，才能为乡村旅游者留下更好的旅游体验。这就需要针对乡村旅游市场，按照旅游者的年龄、受教育程度、职业、收入、学历等指标，对客源市场按照相关标准进行分类。在市场细分的基础上，按照细分变量的特征，仔细深入地分析具有这种细分变量特征的旅游者的消费特征和消费习惯，并结合企业的竞争环境、乡村旅游经营者自身的竞争能力以及针对目标客群提供体验式旅游产品的难易程度，选择一个或多个目标细分市场，根据不同细分市场的旅游者需求开展相应的乡村旅游体验活动。

对于旅游者而言，乡村旅游活动除了乡村景观的观光之外，还包括采摘、耕种、野营、漂流、拓展训练等户外体验活动，休闲体验型产品因其游客停留时间长、旅游活动松弛平和、重游率高等特点受到旅游市场的欢迎。此类产品主要针对文化市场、商务市场、自驾游市场、家庭自助市场等。由于偏好此类型旅游产品的旅游者在旅游过程中的节奏相对平和松弛，在产品营销过程中应该主打“休闲度假”等主题，同时了解旅游者的需求，根据旅游者的实际需求组合产品，如推出家庭乡村度假套餐、白领乡村度假套餐、中老年乡村度假套餐。另外，需结合乡村特色旅游资源并以此为基础开发大型主题节庆活动，以此开发旅游产品一年四季的价值，并通过新闻媒体曝光吸引游客关注，提高乡村旅游景区的品牌知名度。针对老年客群，可选择他们比较习惯接触的媒体，如电视、报纸、广播等进行景区的宣传报道，如可考虑通过电视的旅游频道以图文并茂的方式宣传景区，同时还要注意与当地老年组织保持较为紧密的联系，争取他们的支持和配合。针对家庭旅游客群，借助社区便利店、美发店、洗车行、城市公园、照片冲印店等场所设立售卖点，扩大产品销售，拓展客源市场。

第三节　乡村振兴背景下乡村旅游扶贫可持续发展分析

乡村振兴应当是高质量、可持续的振兴，要综合考虑社会效益和经济效益，而发展乡村旅游有利于实现二者的和谐统一。因此，要进一步发挥乡村旅游的独特优势，使其在助力乡村全面振兴、带动村民致富的新征程上发挥更大功效。

2021年3月5日，习近平总书记参加十三届全国人大四次会议内蒙古代表团审议时的重要讲话，在全国两会代表委员中引起了热烈反响。代表委员们表示，要完整、准确、全面理解和贯彻新发展理念，在做好生态保护的前提下发展乡村旅游、生态旅游，发展优势特色产业，让旅游业在巩固拓展脱贫攻坚成果、推进乡村振兴中发挥更大作用。

乡村旅游作为“造血式”帮扶的重要途径，在脱贫攻坚的战场上发挥了重要作用。未来，要进一步发挥乡村旅游的独特优势，使其在助力乡村全面振兴、带动村民致富的新征程上发挥更大功效，为建设社会主义现代化强国做出新的贡献。

乡村旅游促进乡村脱贫攻坚有大量成功案例。实践证明，发展旅游已经成为众多乡村脱贫致富的重要途径。2020年，文化和旅游部公示了第二批全国乡村旅游重点村名单，至此已有1 000个乡村旅游重点村成为乡村旅游的示范标杆，成为乡村振兴的领头羊。

乡村振兴应当是高质量、可持续的振兴，要综合考虑社会效益和经济效益，发展乡村旅游有利于实现二者的和谐统一。

一、乡村振兴背景下乡村旅游扶贫可持续发展的思路

（一）从打造乡村旅游品牌核心竞争力入手

文化是旅游的灵魂，乡村地区有着特别丰富的民俗文化资源，挖掘、提炼、包装特色文化是提升区域旅游竞争力的核心。因而，要让每一个村民都认识到自己文化的独特性，增强对本土文化的认同感，建立起独特的乡村文化。品牌是当地旅游的名片，因此，更应当构建具有吸引力、影响力、竞争力的乡村旅游品牌。乡村地区在挖掘、提炼、打造旅游品牌时，可以从以下几个方面入手：

首先，依托丰富的民族文化资源和自然资源，深入挖掘传统村落、民俗村落、文化遗产地、传统建筑、农业遗址等文化精髓，发挥“旅游”“生活”“农耕”的作用，打造多样化、个性化、差异化的特色旅游产品。

其次，依托乡村文化传统，打造独具特色的文化节，深入挖掘文化，如乡村舞蹈节、民族服饰文化艺术节等，强调乡土性、民族性、特色性。

最后，将民间传统艺术、民间手工技艺、民族美食工艺、民歌等非物质文化遗产融入旅游项目和产品，既能够促进民族文化遗产的保护和利用，也有助于在乡村振兴战略背景下提升乡村旅游扶贫效果，促进当地经济的可持续发展。

（二）从创新乡村旅游商品营销模式发力

农业和农村产品丰富多样，其绿色生态、无污染、有机特性深受广大游客欢迎，带有当地特色的纪念品、水果、有机蔬菜、传统工艺等原创商品受到众多游客的喜爱。所以，在发展旅游文化、开发创新旅游产品的过程中，应根据当地乡村的特点开发多种乡村旅游产品，最大限度地满足各类游客的需求。在此过程中，应当首先在旅游商品的营销环节发力，借助多种媒介手段并结合线上线下共同营销，创新乡村旅游商品营销途径，进一步强化农村自制旅游产品在旅游市场上的作用，拓宽贫困农民的收入通道。农民的脱贫、乡村的发展与振兴，不仅要树立农民独立精神，而且要借助现代化的手段发展乡村旅游经济，注重在营销环节发力，让原汁原味的乡村旅游项目更多地“走出去”，吸引更多的消费者来此地游玩，为后期乡村旅游提供保障。

（三）注重建立与完善文化自我保护传承机制

为进一步做好乡村旅游可持续发展的保障工作，还应当制定相应政策扶持乡村建立与完善其文化的自我保护传承机制。全球化是当今时代不可阻挡的潮流，同样，文化的影响是相互的，但在一个国家，在世界文化体系中文化地位的差异是不同的，农村文化的弱势地位必须成为发展中的保护对象。为了进一步保障乡村旅游顺利开展，应当注重当地文化的保护与传承，要制定一系列政策为乡村旅游的可持续发展奠定基础。因此，在乡村旅游的可持续发展中，应当构建最受欢迎的公众参与机制，并形成较为完善的监督体系，提升当地村民的文化保护与传承意识，大力发掘其文化在旅游开发和民族建设中的价值，引导社区居民正确认识农村传统文化的价值和作用，挖掘农村传统文化的精髓，激发农村文化的活力。农村文化建设不仅要为社区居民提供服务，更要动员社区居民进行文化创造，使之成为新农村文化建设的主体。通过培育社区居民文化骨干力量，帮助他们提高经营质量，积极推动新农村文化项目的发展。例如，开展"民间艺术""特色艺术之乡""民间工艺大师"等活动，积极开发与挖掘剪纸、绘画、陶瓷、泥塑、编织等私人工艺品项目，结合乡村旅游的发展，使传统民俗文化呈现出独特的多元功能，时刻保持旺盛的生命力。

二、乡村振兴背景下乡村旅游扶贫可持续发展的措施

（一）政府引导，规范发展

在乡村振兴背景下，为进一步做好乡村旅游扶贫的可持续发展保障工作，需要政府的引导。乡村旅游是促进农村发展的手段，政府必须为其提供良好的制度支持，结合当下各地区的发展情况，协调中国农村城镇化和现代化发展的战略步骤，适度干预和支持乡村旅游发展，并做好规划、资金、政策、推广、基础设施建设和发展管理工作。在此基础上，在乡村旅游扶贫开发中，应鼓励建立与乡村旅游扶贫相关的民间组织、协会等，联合社会力量进一步保障当地农民的旅游发展利益，促进社会效益和经济效益的协同发展。

为了进一步做好保障工作，政府还应当积极接受监督，对群众反映的问题进行调查处理，确保监督工作稳步开展，确保广大游客和贫困群众的知情权、参与权和监督权，确保乡村振兴战略的稳步实现，保障贫困和资助项目的开展以及贫困人口的利益。除此之外，相关部门还应当加强指导，积极建立与完善农村扶贫管理体系，推动乡村旅游发展和扶贫资金援助，积极鼓励更多民营企业投资乡村旅游项目，鼓励农民以土地、房产、果园等多种经济实体参与到乡村旅游开发中；完善乡村旅游扶贫模式，建立农村发展财政制度，确保财政资金在乡村旅游中的效果；通过发挥国家农业信贷担保体系的作用，确保更多的金融资源支持乡村旅游发展，同时，进一步强化设施用地政策，引进资金、技术、人才，健全市场准入和监督管理制度，利用好农村限制建设用地，发展农村新兴产业、农业休闲旅游设施等。

（二）保护环境，加强协调

发展乡村旅游扶贫应当坚持可持续发展的原则，要注重在实现经济效益的同时，兼顾生态、人文、社会发展等多方面的效益。在保护自然环境方面，政府应当规范乡村旅游扶贫，并进行适当干预，确保乡村旅游发展不超过当地生态环境和农业生产负担的增长速度，并协调环境负荷与经济效益之间的矛盾。

注重农村生态环境是推进乡村旅游扶贫的关键，也是落实乡村振兴战略的根本。我国乡村地域广阔，所以在发展乡村旅游的同时，更应当注重乡村环境的治理，要结合实地开展调研活动，根据各个地区的差异进行针对性的整治活动，科学规划以及科学布局，坚持在发展经济的同时，不以牺牲当地的生态为代价。坚持绿色发展，全面推进贫困地区乡村的可持续发展，注重积极探索绿色扶贫，将生态扶贫贯穿于乡村旅游扶贫的始末，进而在保护生态环境的大前提下，发展乡村旅游业，带动当地居民收入的增加以及当地产业的可持续发展。

总之，在乡村旅游扶贫过程中，要积极借助乡村自然资源和人文资源，把农牧活动与休闲农业、传统农业文化与现代乡土文化有机结合起来，在做好生态工作的基础上，有效促进农村第一、第二、第三产业融合发展，推动乡村生产、生活、生态三位一体发展，从而有力地促进乡村振兴。

（三）“互联网＋”产业驱动

对于贫困地区来说，“互联网＋”带来了信息流，有助于解决贫困人口的教育、医疗和经济发展等问题。在旅游扶贫开发方面，“互联网＋”可以介入旅游扶贫，进一步促进当地特产的营销以及当地旅游产品的宣传，让本地的美景“走出去”，借助线上宣传吸引更多的游客。

借助“互联网＋”开展旅游扶贫项目，既要立足当前，又要着眼长远，积极探索产业精准扶贫的多种模式。贫困地区旅游资源丰富，要积极以发展旅游业为突破口，根据自身的自然和生态资源条件，进行产业定制和整合。通过实施“旅游＋农业”“旅游＋文化”“旅游＋电子商务”“旅游＋生态”等产业融合发展模式，拓宽当地贫困地区农民的致富渠道，增强致富能力。在此基础上，积极开展产业扶贫，注重产业培育、产业振兴等，并积极围绕农村和旅游业，构建产业融合发展体系，促进农业转型升级，充分发挥“旅游＋农业”“旅游＋生态”的综合效应。同时，还应当培育多种形式的乡村旅游，构建贫困地区的产业发展基础，促进贫困地区旅游业的可持续发展。通过建设旅游农场、采摘天堂、休闲中心、农业科技园区、旅游农副产品中心等项目群，实现“旅游＋农业”；通过建设度假天堂、森林氧吧、生态园林等产业体系来实现“旅游＋生态”；通过建设乡村民俗博物馆，打造以本土文化为中心的乡村生产体验馆；通过“旅游＋电子商务”的方式，引进贫困地区特色产品，积极结合市场需求，实现农产品转型升级，把特色农业资源转化为经济资源，帮助农民增收、脱贫致富。

第五章　教育扶贫视角下的农村扶贫脱贫

改革开放40多年以来，数亿的中国人脱掉了贫困的帽子，解决了温饱问题，生活质量大幅提高。作为促进未来社会发展的主力军，青少年的教育问题必须解决，这一点在农村扶贫脱贫工作中也极为重要。因此，本章针对农村教育扶贫的情况展开分析和讨论，主要回顾农村教育精准扶贫现状，分析农村教育精准扶贫的影响因素，并基于分析给出农村教育精准脱贫的强化举措。

第一节　农村教育精准扶贫现状

一、农村教育精准扶贫概况

精准扶贫是相对于粗犷扶贫而言的，其目的在于提高扶贫的精准性和有效性，达到使贫困人口“脱真贫”“真脱贫”的目的。随着近年来扶贫工作的不断推进，我国已经消除了绝对贫困，精准扶贫工作取得了丰硕的成果。一是在扶贫工作的理念方面取得了重大进展，树立了完善的扶贫理念，对扶贫工作的认识普遍提高；二是强化了组织保障，各地政府积极落实扶贫政策，因地制宜地制订了扶贫计划，并且领导干部做到身先士卒、亲历亲为；三是精准扶贫工作做到了识别精准、方法精准和档案精准，有利于对工作进程的精准把握；四是引入了联系群众机制、包村联户机制和干部考核机制等，利用科学的机制来促进扶贫工作的稳步运行。

在精准扶贫政策落实的同时，我国的农村教育正逐渐稳步发展，目的在于帮助贫困人群掌握实用的知识技能，以达到扶贫“治本”的目的。导致贫困的原因十分复杂，从表面上看，贫困包括物质上的贫困和精神上的贫困。若仅仅是物质上存在贫困，精神上不存在贫困，则可以通过采取有效措施加以引导，达到脱贫的目的；若是精神上存在贫困，即使采用许多的扶贫措施，也是“治标不治本”，帮扶措施一旦停止，则有可能再次陷入贫困的恶性循环。

在实践中，农村教育精准扶贫主要包括三种类型，即政府扶持型、基金帮扶型和社会公益型。政府扶持型主要表现为政府出资完善贫困地区的教育基础设施，确保九年义务教育的实行以及开展针对贫困人口的职业教育培训等，结合地区的特色产业，组织职业培训，有效地培养各类人才，推动当地特色产业的发展；基金帮扶型主要表现为国家或社会对贫困学生设立的各类奖助学金以及基金会的希望工程项目，通过社会各阶层的力量来帮助贫困学生，使贫困学生安心上学，用知识改变命运；社会公益型主要表现为自发的民间组织的公益教育，由一部分有社会责任心的慈善家捐助，为贫困地区的学校捐资办学。[1]

二、教育在农村精准扶贫中的影响

（一）教育有助于农业人口整体素质的提升

随着经济发展和时代进步，现代农业对于劳动者的素质要求也逐渐提高，劳动者必须具备与农业有关的各项基本知识。农业人口整体素质的提高有助于其科学选择劳动产品，掌握市场供需关系和国家有关农业

[1] 叶楚豪：《教育在农村精准扶贫的现状及影响初探》，农村实用技术，2018（6）：37-38.

的优惠政策等，提高自主学习能力；有利于促进农业生产现代化，提高农业生产效率。

（二）教育有助于提高贫困人口脱贫积极性

教育可以开阔人们的视野，更新人们的理念和激发人们的进取心。大部分贫困来自贫困人口自身的认识问题。由于思想观念的落后以及意识的封闭，大多数贫困人口无力改变当前生活状态或者对当前生活抱有消极态度，脱贫的意愿、信心和动力不足。对贫困人口开展教育，可以改变他们一些陈旧的思想观念，提升他们改变现状的意愿，增强他们追求美好生活的动力。

（三）教育有助于脱贫的良性循环

教育不足往往会导致贫穷的代际循环。父母一代的观念和对教育的态度将在很大程度上影响子女的受教育情况，如果使子女受到良好的教育，子女脱贫的希望将会大幅增加，在家庭传承中出现良性循环。

第二节　农村教育精准扶贫的影响因素

在全面建成小康社会和乡村振兴战略推进进程中，农村贫困人口的受教育水平整体滞后，在一定程度上阻碍了农村社会经济的发展和进步。而贫困地区农村经济社会发展滞后，影响了农村贫困户家庭收入的增长，抑制了贫困地区的教育发展。虽然近几年，政府大力推进教育扶贫，但教育扶贫的实施仍不够精准，对贫困户的实际需求考虑不够，在一定程度上影响了教育扶贫的效率。

一、贫困地区教育水平

在我国目前的教育资源分配中，优质教育资源主要集中在大中城市，贫困地区教育资源的缺乏直接影响了农村贫困人口对教育资源的获

得和分配。[1]贫困地区整体经济发展水平较低，抑制了教育的发展。许多贫困地区在学校发展过程中的激励机制也受到经济的制约，难以调动学校行政人员与教师的积极性。尤其是对于优秀教师和年轻教师来说，没有必要的物质和精神层面的激励机制和政策倾斜很难留下来，扎根贫困地区教书育人的意愿较低，加上贫困地区学生数量不断减少，教育资源更加难以实现优化配置，导致贫困地区教育事业不能稳定发展，贫困地区教育水平与发达地区差距不断拉大。

二、贫困户家庭收入

在贫困地区，获取经济收入的机会较少，农户家庭收入结构相对单一，在缺乏资金和技术的前提下，贫困地区家庭收入主要靠种植和打工。而像湖南这样的多山地区，人均耕地资源非常少，种植难以带给贫困户除满足自身家庭需要外的经济收入，如果遇到自然灾害，甚至需要大量购买所需农产品，虽然有许多农村劳动力外出务工，但整体务工收入依然偏低，无法满足日益增长的教育开支。目前要想给子女提供较好的学习环境，使其接受优质教育，需要大量投入。加上许多贫困地区家庭为了建新房不惜借钱，以致于无力支付子女上学所需的学杂费用。不少贫困地区的学校贫困学生占比较大，他们往往因为家庭无力负担上学所需的费用而正在或即将面临辍学。贫困地区家庭让子女过早外出务工以减轻家庭负担，影响了教育扶贫的有效推进。

三、教育扶贫的针对性

随着国家教育扶贫及相关政策的全面铺开，教育扶贫力度不断加大，教育扶贫投入不断增多，但教育扶贫中的诸多问题也日渐凸显。在调研中笔者发现，目前的教育扶贫主要集中在对贫困家庭给钱给物，是明显的短期行为；教育扶贫覆盖面偏窄，对贫困地区教育的“硬软件”建设不够；贫困地区教育人才引进激励机制缺乏，导致贫困地区学生难以接受较好的教育，读书无用的思想在不少贫困地区依然存在。因此，

[1] 李明：《西部地区农村贫困人口教育扶贫研究》，陕西师范大学硕士学位论文，2018.

如果不针对贫困地区的现状改变教育环境、提高教育水平，教育扶贫可能将很难改变贫困地区落后的发展现状。

第三节　农村教育精准脱贫的强化举措

教育扶贫是贫困地区家庭持久脱贫的重要“出口”，教育好一个孩子，成就一个良好的家庭，就会增添一份社会和谐。贫困地区的教育扶贫不是简单的上学、升学问题，而是就学与就业、社会和谐能否紧密结合的问题，需要发挥政府部门、教育单位、企业等社会力量的优势，尤其需要整合教育、扶贫、人社部门的政策、资金等方面的资源力量，形成整体合力。[1]虽然我国已经消除了绝对贫困，但是扶贫脱贫工作并没有结束，教育扶贫工作也需要继续优化。

一、加大落后地区教育经费投入

一是要确保教育扶贫资金平稳增长。中央财政要加大贫困地区教育扶贫支持力度，切实减轻贫困地区教育支出压力；省级财政要加强对教育经费的统筹，在教育经费分配上注重考虑可用财力、贫困人口等因素，教育专项转移支付增量资金向贫困地区倾斜，尤其向深度贫困地区的教育发展倾斜，着力增加贫困地区学校在基础设施、人才引进、硬件配备等方面的投入，加大对相对贫困家庭孩子上学的补助力度，确保脱贫摘帽后不放松支持政策。

二是要大力支持社会力量参与贫困地区学校建设，鼓励支持教育基金会等公益组织参与教育扶贫工作。引导各类企业、社会团体、非政府组织和有关国际组织直接在贫困地区修建学校、实验室等，并对他们的捐助行为进行广泛宣传，调动社会力量在贫困地区捐资建校的积极性。

---

[1] 郭广军，邵瑛，邓彬彬：《加快推进职业教育精准扶贫脱贫对策研究》，教育与职业，2017（10）：5-9.

三是要继续完善教育经费保障机制。①省财政统筹安排中央和省级资金，加大对落后地区的教育支持力度。对省与市县共提的教育支持责任，提高对落后地区的省级分担比例，减轻落后地区教育配套压力；对落后地区教育基础设施建设类项目资金不设置硬性的配套要求。②加强教育扶贫资金的使用监管。按照精准扶贫有关要求，强化教育扶贫项目与资金的管理，突出贫困地区教育扶贫的工作重点和薄弱环节；加强预算绩效管理，定期对教育扶贫经费绩效进行考评，提高资金使用效益；强化监督检查，定期开展审计监督，借助信息化技术手段对教育扶贫项目与资金实施动态监管，对挤占挪用、截留和贪污教育扶贫资金的行为予以坚决查处。

二、强化教育精准扶贫的绩效考核

要想使教育扶贫更好地持续推进和落到实处，不能只做表面文章，要建立一套完善的教育扶贫考核体系，通过分析教育精准扶贫中存在的问题，不断改善已实施的教育扶贫政策，提高教育精准扶贫的效果。

一是要建立一套完善的教育扶贫考核指标体系。从扶贫资金的落实、项目的推进速度、项目的完成质量、教学设备硬件、学校人才的引进、学校师生的满意度等方面对贫困地区教育扶贫实施综合评价，评价城乡学校之间的差距，以及在哪些方面需要改进和加强。

二是要建立健全考核评估机制，组织省级层面的考核评估小组，对教育扶贫工作进展、质量和成效进行考核。将教育扶贫工作列为教育督导和市州教育年度综合考核的重要事项，全面开展改善贫困地区义务教育薄弱学校基本办学条件专项督导等工作，确保地方政府履行责任；建立教育扶贫工作信息系统，持续跟踪监测教育扶贫工作情况；建立健全评估机制，实施第三方评估；加强考核评估结果的应用，政府效能考评、经费分配等要与教育扶贫工作考评结果挂钩。

三、强化贫困地区师资力量建设

加强贫困地区教师队伍建设，不断缩小城乡间师资水平差距，让每个贫困地区的孩子都能公平享有高质量的教育。

一是强化农村教师公费定向培养。继续稳步推进农村中小学、幼儿园教师公费定向培养计划。同时，根据各级各类教育协调发展的实际需要，形成与国家免费师范生相衔接，各类型、各学段、各学科教师培养全覆盖的地方免费定向师资培养体系，按照“自愿报名、择优录取、公费定向培养、定期服务”的原则，继续为全省农村地区特别是边远地区、贫困地区、民族地区学校招收培养本科层次中职、初中、小学、幼儿园教师和专科层次小学、幼儿园、特殊教育教师。

二是健全落后地区教师补充机制。扩大农村教师“特岗计划”实施规模，重点支持贫困地区补充乡村教师，根据国家政策提高特岗教师工资性补助标准；鼓励大学生到贫困地区学校就业；出台农村中小学校引进优秀教育人才等激励政策，吸引海内外人才到贫困地区从事教育工作；统一城乡教职工编制标准，增加农村边远地区的教师编制，满足其配备音体美健、英语、信息技术、科学等紧缺学科教师编制需求，确保开齐、开足规定的课程；推进义务教育公办学校校长、教师轮岗交流，完善城镇学校校长和骨干教师到农村或薄弱学校任职任教的机制；鼓励城镇退休的特级教师、高级教师到贫困地区学校支教。

三是完善教师培训制度。[1]把乡村教师培训纳入基本公共服务体系，大力推进贫困地区教师培训；不断提高贫困地区“国培计划”“省培计划”的中小学校培训比例，支持贫困地区教师、校长培训；加大职业院校专业教师培训力度，强化贫困地区职业学校“双师型”教师队伍建设；加强师德教育，着力提升贫困地区教师的思想政治素质和职业道德水平，增强教师教书育人的荣誉感和责任感；加大对贫困地区中小学教师信息技术应用能力的培训力度；加快乡村学校音体美等紧缺学科教师培训，加强贫困地区学校骨干教师的培养，鼓励教师在职学习深造，提高学历层次。

---

[1] 侯峰：《关于教育扶贫的对策研究——以滨州市为例》，亚太教育，2016（30）：294-295.

四是提高教师待遇。研究完善符合贫困地区实际的乡村教师职务（职称）评聘条件和程序办法，特级教师评选、职称评聘、表彰奖励和绩效工资分配向乡村教师倾斜；城镇中小学教师在评聘高级职称时，应有乡村学校或薄弱学校任教两年以上的经历；加大贫困地区乡村教师生活补助力度，建立“越往基层、越是艰苦，待遇越高”的激励机制；加快边远艰苦地区农村学校教师周转宿舍建设，将符合条件的乡村教师住房纳入当地住房保障范围，予以统筹解决。

四、加快贫困地区学校基础设施建设

良好的基础设施是确保城乡教育公平的基础，没有好的教育基础设施，就不可能让贫困地区的孩子接受有质量的教育，因此，改善落后地区教育基础设施势在必行。

一是要加快对危房教室、运动场、图书馆、实验室、寄宿宿舍、学校食堂等建筑设施的更新改造，按照“政府主导、社会参与”的原则，加大政府投入力度，加大宣传力度，积极引导社会力量参与贫困地区学校基础设施建设，让贫困地区学生享有安全、明亮、舒适的校园环境。

二是要加大现代化教学设备建设力度。加强贫困地区学校教学仪器、多媒体远程教学等现代化设备建设，全面提升教学质量；加快农村地区学校宽带“校校通”建设进度，及时批复落后地区学校通网络的资金需求，优先为偏远地区小学（教学点）配置数字化教学设备，全面解决偏远山区学校宽带接入问题，实现宽带网络“校校通”；将发达地区优质学校与贫困地区中职学校、乡镇中心校、教学点构建成一体化网络联合学校群，将网络主校的课堂教学、教研活动及教学资源以网络共享的方式推送到网络分校，实现课堂教学过程同步实施、教师同步研修、教学资源同步共享；实施“基础性资源普惠工程”，让贫困地区农村教师受益；实施“教育信息化应用十百千万工程”，对贫困地区的项目申报给予倾斜，确保贫困地区教育行政部门、学校及教师的入选比例，实现以创新应用典型来“以点带面”推动贫困地区信息化教育教学的高质量、大规模、普遍性应用；加快贫困地区学校信息化技术管理服务建设，加强教师和行政管理人员信息化运用能力培训，确保贫困地区学校信息化设施稳定运行，保障贫困地区学生及时接受现代教育。

五、解决贫困地区思想认识和技能问题

教育精准扶贫的前提条件就是解决贫困户和贫困人口的思想问题。贫困户和贫困人口要脱贫，首先，要在思想上有强烈的脱贫意识，不能有等靠要思想和顺其自然的放任心态，这方面主要通过政策宣传、对比算账和身边人教育引导的做法，使其认识到党和政府抓精准扶贫的决心、干部帮扶的一片苦心，引导其形成自主艰苦创业实现脱贫的信心，进而全身心地参与到精准脱贫中来，争取通过自身坚持不懈的努力，早日甩掉贫困帽子。其次，要解决好技能不足的问题。思想认识问题解决了，还必须解决发展产业缺技术的问题。例如，在对江西石城县精准扶贫的政策中，当地政府坚持技能培训、转移就业、“车间”就业、公益性岗位就业、能人带动就业“五轮齐驱”，提高了贫困人口的技能，为精准扶贫做好了准备。

第六章　数字科技扶贫视角下的农村扶贫脱贫

第一节　大数据与农村扶贫脱贫发展

党的十八大以来，以习近平总书记为核心的党中央把脱贫攻坚摆到治国理政突出位置，区域性整体贫困基本得到解决，脱贫攻坚取得了决定性成就。在数字经济时代，数字科技在精准扶贫中释放着越来越大的能量。其中，大数据技术通过汇聚数据，变革传统的粗放发展模式，提高了供给质量，促进了经济高质量发展，让扶贫更精准、脱贫更彻底。

一、大数据是高质量发展的新动力

关于大数据的定义有很多，这里引用国务院印发的《促进大数据发展行动纲要》（国发〔2015〕50号）中的概念：大数据是以容量大、类型多、存取速度快、应用价值高为主要特征的数据集合，正快速发展为对数量巨大、来源分散、格式多样的数据进行采集、存储和关联分析，从中发现新知识、创造新价值、提升新能力的新一代信息技术和服务业态。

数据与土地、劳动力、资本、技术并列为五大要素，已成为新型生产资料。以数据流引领技术流、物质流、资金流、人才流，将深刻影响社会分工协作的组织模式，促进生产组织方式的集约和创新。

经历了农业社会、工业社会后，人类社会进入数字经济时代。大数据、云计算、区块链、人工智能等新一代信息技术竞相迸发，推动着数字经济高速发展，这一点从数字经济在GDP中的比重上可见一斑。

党的十九大报告提出，我国经济已由高速增长阶段转向高质量发展阶段，要深化供给侧结构性改革，把提高供给体系质量作为主攻方向。

从信息科技时代进入智能科技时代，数据成为驱动经济社会发展的关键生产要素。大数据通过与传统产业深度融合，贯穿于传统行业的生产、流通、销售、服务等各个环节，为实现高质量发展注入新动能，成为推动经济转型发展的新动力。

二、大数据助力扶贫更精准

2019年1月，《中共中央国务院关于坚持农业农村优先发展做好“三农”工作的若干意见》要求，推进重要农产品全产业链大数据建设，加强国家数字农业农村系统建设。习近平总书记在主持中共中央政治局第二次集体学习时提出：“要加强精准扶贫、生态环境领域的大数据运用，为打赢脱贫攻坚战助力，为加快改善生态环境助力。”目前，业界已经形成共识：移动互联网的主战场，正从上半场的消费互联网，转至下半场的产业互联网企业乃至产业数字化转型，通过汇聚全产业链数据，推动产业数字化、数字产业化，逐渐构建起以数据为关键要素的数字经济新模式。

在经济提质增效的背景下，农产品大数据成为产业扶贫的重要突破口。

当前，大数据已经成为推动经济社会发展的重要力量，同时也为精准扶贫提供了新的理念和技术支撑。大数据助力精准扶贫，主要体现在扶贫目标的精确设定、扶贫对象的准确定位以及扶贫成果评估的具体化三个方面，具体作用主要表现为以下几个方面。

（一）大数据助力扶贫靶向更精准

近几年，精准扶贫被越来越多的地方政府所实践，路径也是百花齐放，包括科技扶贫、金融扶贫、生态扶贫等。精准扶贫成效显著，但实施

门槛也更高，尤其是对扶贫工作数据化、数据支撑能力提出了较高要求。

精准扶贫主要体现在对象精准化、目标精准化、措施精准化，而大数据技术在管理贫困人口信息、监控扶贫项目实施、监管扶贫资金使用、评估扶贫工作绩效等方面，可以大展身手。为此，不少地方在探索建立统一的脱贫攻坚大数据管理平台，对脱贫相关信息进行数字化处理，做到直观可视、心中有数。例如，脱贫攻坚大数据平台，通过大数据技术，扩大信息采集的渠道，提高数据加工能力和效率，深度挖掘数据的价值，为扶贫工作提供真实可靠、及时全面的决策数据，实现因户施策、一户一策、一户一台账的精准扶贫，最终达到按户销号、精确到人的精准脱贫。

（二）大数据助力产业扶贫更有质量

我国信息化扶贫工作始于1994年，经过20多年的探索与实践，成效显著。而信息化扶贫的最大载体是产业，产业信息化与数字化转型逐渐成为脱贫的主流路径。

当下，国家积极布局新基建，培育数据要素，以“上云用数赋智”等举措，助力数字经济新业态、新模式发展，给数字经济注入了强劲的发展势能，推动数字经济迈向一个以新基建为战略基石、以数据为关键要素、以产业互联网为高级阶段的高质量发展新阶段。

可以肯定的是，数字时代正汹涌而来，数字化正在从消费端走向产业端，几乎所有领域都在发生“数字蝶变”，农业也不例外。推动大数据、区块链等信息科技在农业农村的深度应用，可以构建一条科技扶贫、质量扶贫、产业扶贫的新通道，科学助力打赢脱贫攻坚战。

2020年7月，农业农村部印发的《全国乡村产业发展规划（2020—2025年）》指出，贫困地区发展特色产业，是脱贫攻坚的根本出路。要促进脱贫攻坚与乡村振兴有机衔接，发展特色产业，促进农民增收致富，巩固脱贫攻坚成果。

数据显示，党的十八大以来，乡村特色产业蓬勃发展。建设了一批产值超10亿元的特色产业镇（乡）和超1亿元的特色产业村，发掘了一批乡土特色工艺，创响了10万多个“乡字号”“土字号”乡土特色品牌。近年来，贵州把大数据与产业扶贫紧密结合起来，大力推动各类数据互联互通、共享共用，积极运用大数据精准掌握每个产业、每个企业、每个产品、每个农户的实际情况，及时发现和解决存在的困难和问题，精准推动产业结构调整、企业发展壮大、贫困群众脱贫致富，走出了一条“大数据+产业扶贫”的新路子。其中，为守护人民群众“舌尖上的安全”，真正种出绿色、生态、优质的特色农产品，贵州部分农业龙头企业利用大数据，建设了可视农业系统和全程溯源系统，倒逼生产环节的组织化、规模化、标准化，发展诚信农业，提高产品品质，收到了较好的效果。

2015年8月国务院印发的《促进大数据发展行动纲要》要求，实施现代农业大数据工程，提升农产品质量安全信息服务。建立农产品生产的生态环境、生产资料、生产过程、市场流通、加工储藏、检验检测等数据共享机制，推进数据实现自动化采集、网络化传输、标准化处理和可视化运用，提高数据的真实性、准确性、及时性和关联性，与农产品电子商务等交易平台互联共享，实现各环节信息可查询、来源可追溯、去向可跟踪、责任可追究，推进实现种子、农药、化肥等重要生产资料信息可追溯，为生产者、消费者、监管者提供农产品质量安全信息服务，促进农产品消费安全。

业界认为，我国在大数据发展和应用方面已经具备一定基础，拥有市场优势和发展潜力，但也存在政府数据开放共享不足、产业基础薄弱、缺乏顶层设计和统筹规划、法律法规建设滞后、创新应用领域不广等亟待解决的问题。具体到产业扶贫，就存在企业数据开放意愿不强、消费者通过数据识别质量的意识待提升等问题，需要在大数据赋能产业扶贫的实践中，不断探索解决。

云数智一体化是趋势，密不可分。很多数据是基于云端产生的，而没有数据喂养，就没有人工智能。同时，有了人工智能，才能更好地挖掘数据的价值。所以，云是新型生产力，数据是新型生产资料，人工智能是新型生产工具。

在数字科技中，大数据是基础的基础。没有数据的汇聚与链接，数字化转型就像“无源之水、无本之木”，无从谈起。但是，政府乃至企业的数字化转型，单靠大数据，也难以实现。大数据只有与云计算、区块链等新一代信息技术融合贯穿，才能真正发挥作用。例如，大数据的底层平台，靠的是云计算；大数据的可信传递，离不开区块链。具体到脱贫攻坚实践，当数据通过融合的新技术，真正实现链接，扶贫就真正织成了一张网，纵横贯通、透明可信。在此基础上，政府、企业、个人充分参与，真正实现共建、共治、共享的脱贫新格局，大数据赋能精准扶贫，也就有了更好的精准度与更高质量。

第二节　区块链与农村扶贫脱贫发展

2016年，为大力推进“区域公用品牌＋企业品牌”的母子品牌联动模式创建，推动横山羊产业高质量健康发展。在中国华能集团的大力支持下，陕西省榆林市横山区人民政府邀请浙江甲骨文超级码科技股份有限公司开展以陕北横山羊肉为主导的“区块链品控溯源＋精准扶贫”模块体系建设，坚持“政府引导、企业主办、市场驱动”的原则，保障横山羊肉品质，以品牌化引领，助推产业优化升级。在该精准扶贫项目建设当中，浙江甲骨文超级码自主研发的满天星区块链技术起到了至关重要的作用。

一、区块链技术的起源及发展

（一）区块链技术起源

区块链通常被定义为去中心化的分布式记账系统，该系统中的节点无须互相信任，通过同一的共识机制共同维护一份账本。比特币可以说是第一个区块链应用。2008年11月1日，一名自称中本聪（Satoshi Nakamoto）的人发表了一篇名为《比特币：一种点对点的电子现金系统》的论文，提出了一种去中心化的点对点电子现金系统。2009年1月3日，中本聪在位于芬兰赫尔辛基的一个小型服务器上创造了比特币网络上的第一个区块。

在早期，大家会关注比特币而不会单独谈论区块链这个技术。直到2015年，区块链这一概念才被单独提出，为更多人所了解，且向着更广泛的应用场景发展。

（二）区块链发展历程

1. 区块链1.0

指以比特币为代表的可编程货币，表现为数字货币领域的创新；区块链以比特币的底层技术出现在大众视野，构建了一种全新的、去中心化的数字支付系统，完成无时间、无国界交易，并降低了中心化体系的成本。但该阶段很少有人关注数字货币的应用和区块链技术，更多人的关注点在数字货币的投资上。

2. 区块链2.0

指以以太坊等为代表的可编程金融，表现为智能合约、交易方面的创新。基于区块链技术的基础，加入了智能合约，有了合约系统的支撑，实现了可编程化区块链，人们逐渐将区块链技术的应用范围扩展到其他金融领域。

3. 区块链3.0

基于区块链的可编程社会，即区块链在其他行业的应用。区块链技术进一步发展，因去中心化、数据防伪可追溯等特点在其他领域逐步受到重视。区块链的应用不再局限于金融领域，人们尝试将其扩展到物联网、金融服务、AI、数据存储、溯源、防伪等多个领域，未来可能在可扩展性、区块链应用上有更大的突破。

二、区块链助力精准扶贫

（一）助力扶贫对象的精准识别

精准扶贫的首要任务是扶贫对象的精准识别，把真正的贫困人口识别出来，精准掌握贫困人口的贫困程度、致贫原因，解决好“扶持谁”的问题。识别扶贫对象按照“县为单位、规模控制、分级负责、精准识别、动态管理”的原则，以民主评议、建档立卡为主要方式，经过群众评议、入户调查、公示公告、抽查检验、信息入库等工作程序。但是这种识别方式存在两方面问题：一方面是基层按照民主评议方式识别出的贫困人口与国家统计部门按收入和消费支出评估的贫困人口有脱节；另一方面是部分地区在建档立卡过程中存在明显的造假行为。所以需要进一步优化民主评议方式，运用严格的监督管理机制排除不合格的贫困人口，使贫困人口的评估和识别符合当地的实际情况。

区块链与大数据的结合可以有效防范、解决扶贫对象不精准的问题，通过多方参与提高监管透明度，降低人为操控评估的可能性。通过大数据建模分析贫困户多维度的行为数据，精准筛选贫困户，将分析结果上链。通过区块链不可篡改特性保证贫困户数据的真实可靠；通过区块链的透明公开特性，保证群众可以参与到贫困户的认证与监督中，将贫困户的识别权交给群众，贫困户的认定做到透明公开与相对公平；通过区块链分布式存储及数据一致性等特性，保证区块链节点可以实时地进行数据共享，当贫困户数据发生变动时，扶贫机构和扶贫单位可以及时获取，从而进行相应的政策调整。通过区块链技术，扶贫机构和扶贫单位可精准识别扶贫对象。

（二）助力帮扶项目的精准安排

精准扶贫的切入点是项目安排精准。根据贫困户和贫困人口的实际情况和需求，在找准致贫原因的基础上进行有针对性的项目安排，精准实施“公司—合作社—贫困户”模式工程，解决好“怎么扶”的问题。根据全国建档立卡数据分析，42.1％的贫困农户因病致贫，35.5％的贫困农户因缺资金致贫，22.4％的贫困农户因缺技术致贫，16.8％的贫困农户因缺劳力致贫，患疾病、缺资金、缺技术、缺劳力是当前主要的致贫原因，并且多数贫困户的致贫原因是几个致贫因素综合作用的结果。因此，帮扶项目在实施过程中需要对贫困数据进行关联分析，深入总结贫困户的致贫原因，准确了解贫困户的扶贫需求，制定相应的帮扶手段，引导资源有效配置。

区块链通过智能合约对扶贫项目进行扶贫对象的限定，保证扶贫项目有较强的针对性。贫困户将自己的需求上链，记录到智能合约，并由智能合约匹配合适的扶贫项目，保证贫困户匹配到适合的帮扶项目，避免了暗箱操作，做到了贫困户与帮扶项目的精确匹配。

区块链的可追溯机制可以实时记录扶贫数据，从而在整个精准扶贫链条上形成完整的信息流，确保精准扶贫中相关工作人员能够及时做好针对性的防范工作，降低返贫率，提高项目帮扶的精准性。

（三）助力扶贫资金的精准使用

精准扶贫的关键点是资金使用精准。资金使用精准就是要保证到户项目有资金支持，资金跟着精准扶贫项目走。地方政府在扶贫资金的使用上拥有一定的自主权，但由于缺乏全程监管技术手段，在扶贫资金使用过程中可能出现优亲厚友，套取、侵占和挪用扶贫资金等违法违规的行为。因此，对扶贫资金的使用亟须引入监督管理机制，全面进行检查、评估和考核，保证财政专项扶贫资金在阳光下进行运用。在扶贫过程中，将实体资产转化为数字资产上链，由区块链智能合约控制资产的所有权转移，同时将资产所有权转移时涉及的资金流转信息同步记录到区块链。政府部门、扶贫单位、贫困村社、监管机构、金融机构均作为区块链上的节点，参与到智能合约的执行流程中。监管机构可以实时监管实体资产以及扶贫资金的流转过程，降低了监管难度；金融机构可以实时获取资金流向，降低了对账难度。

区块链的共识监管机制、可追溯机制能有效实现扶贫资金使用的公开化和透明化，匹配帮扶项目和帮扶资金，实现扶贫资金流动的全程追踪管理。精准扶贫的相关参与方可通过分布式的数据网络查看扶贫资金的使用明细，在高度透明的账本中，一切行为操作都将被置于多方监管之下，让贪腐行为无处匿藏，从而提高资金使用的精准性。

（四）助力扶贫措施的精准落实

精准扶贫的着眼点是措施到户精准。措施到户精准是解决扶贫项目到不了户或到户效率差的问题。以往的扶贫项目不能到户的主要原因是扶贫项目和投资缺乏有效的到户机制。例如，贫困户负担不起养殖成本而出现“养富不养穷”的问题，到户项目因为贫困户无法承担配套资金而不能按期开展，金融扶贫中贫困户由于没有抵押和担保被排除在外。这些都直接影响了减贫效果，不能使贫困户和贫困人口真正受益。因此，为促进扶贫措施的有效落实，需要对建档立卡的贫困户采取差异化补贴、降低搬迁成本、增加信用贷款等措施。

区块链可以通过扶贫单位和政府部门为贫困户背书，构建贫困户与金融机构的信任关系，降低贫困户获取金融信贷的复杂度，使贫困户即使不具备抵押资产也可以获取到起始资金。

区块链具备去中心化、构建信任关系的特性，能改善以往金融资源配置效率低下、扶贫进度滞后的状况，提高贫困户获取金融服务的能力，实现与贫困户的扶贫需求有效对接，进一步细化措施到户机制。

（五）助力驻村干部的精准选派

精准扶贫的支撑点是驻村派人精准。选派驻村干部主要是为了在较短时间内提高贫困村的管理水平，增强村级开展精准扶贫的能力。由于贫困村的致贫因素和精准帮扶机制之间存在差异，同时上下级政府之间缺少长期有效的沟通机制，扶贫信息以及经验成果无法转化为脱贫资源，以致于无法向贫困村精准选派合适的驻村干部。另外，扶贫工作者缺少对贫困人口的致贫原因、帮扶项目、实施流程以及成效反馈的动态归纳，难以全面地分析考察致贫原因与脱贫需求之间的普遍规律和特殊矛盾。

将驻村干部的工作经历、专业特长等记录在区块链上，结合贫困村的实际情况和记录在链的贫困数据，细化选派驻村干部的帮扶机制，提高驻村派人的精准性，区块链的可追溯机制、防篡改机制能保障数据的完整性且不能被篡改，确保驻村干部与贫困村的数据真实性。扶贫对象可对驻村干部进行评价，并记录上链，区块链的公开透明特性可使驻村干部受到群众监督。

（六）助力脱贫成效的精准评定

精准扶贫的根本点是脱贫成效精准。精准扶贫就是为了精准脱贫，脱贫成效精准就是使扶贫成果真实可靠、有效且长效，做到脱贫到人，实现贫困人口有序退出，并降低返贫率。扶贫对象精准、项目安排精准、资金使用精准、措施到户精准、驻村派人精准都是实现脱贫成效精准的基础条件，脱贫效果需要科学评估、考核和监管，防止“被脱贫”“假脱贫”现象发生。在实际工作中，缺少对扶贫信息科学有效的动态管理，无法对扶贫工作进行全面、全过程的监测分析，往往是一次核定多年使用，导致扶贫信息时效性不强，影响脱贫成效的精准性。

区块链的防篡改、共识监管机制能有效防止造数字、占指标等问题的产生，形成一组真实可靠的扶贫数据。区块链的分布式存储特性确保了贫困户数据的实时更新，再根据监测、评估数据，及时提供相应的扶持措施，降低贫困地区农户返贫率，同时可完善贫困户的退出机制，做到脱贫即摘帽。

三、区块链助力扶贫的未来展望

区块链下的精准扶贫以区块链为理念支撑、技术支撑，促进扶贫政策的有效落实和扶贫工作的有序开展，真正解决精准扶贫、精准脱贫的相关问题，探索出符合精准扶贫需求的新路径。推动输血式、粗放式、被动式扶贫向造血式、精准式、参与式扶贫转变，是精准扶贫的关键所在。引入区块链的目的，就是在现有精准扶贫措施基础上，融入区块链技术，全方位跟进精准扶贫进程，综合分析致贫原因，提供精准扶贫新思路、新方法。区块链可以为精准扶贫的全生命周期管理提供技术支撑和决策参考，促进精准扶贫诚信体系的构建，提高精准扶贫的透明度，建立健全问责机制。这些创新路径在保障“六个精准”取得成效的同时，激发了精准扶贫的内生动力，为精准扶贫提供科学实践新范式。

目前，“区块链＋精准扶贫”的新模式还在不断探索中，但也已经取得了一些成效。从产业扶贫的案例中我们也可以看见区块链渗透到了

扶贫链条中的各个节点，无论是对企业还是对政府来说，区块链技术都能发挥出重要的作用，应用效果已经得到了证明。如今区块链的应用价值已经不言而喻，如何利用区块链技术解决现有信息化技术中的若干痛点是现今的研究方向之一。

区块链将重新构建精准扶贫领域的信任体系，对扶贫对象实施精准识别、精准帮扶、精准管理。目前看来区块链技术在精准扶贫方面的应用，也正好是我国乡村振兴战略的需要。

因此，区块链技术在实施乡村振兴战略中也能发挥推动作用。区块链的工作机理在于各个节点间的相互联系以及纵向发展，各主体的互动与协作是区块链技术的关键点。以乡村旅游为例，区块链技术可以使游客与乡村直接联系，而无须旅行社这样的第三方平台，不仅建立了旅游者与乡村之间的相互信任，还节约了乡村旅游发展中的巨大成本，促进了乡村第三产业的发展。当然，这种技术也同样适用于乡村人才振兴、组织振兴、文化振兴等乡村振兴的各个方面。区块链类似于建立了一本公开的公共账本，利用机器信任，实现社会信任。借助这一技术，乡村社会可以改变基于熟人建立的合作模式，转而形成一个透明公平的开放式合作模式，进而缩小甚至消除空间距离所形成的经济行为差距。这不仅可以推动我国乡村振兴战略的实施，甚至有可能让乡村社会经济发展大放异彩。

第三节　云计算与农村扶贫脱贫发展

消除贫困，是联合国2030年可持续发展目标的重要内容。我国从基本国情出发，把人民的生存权、发展权放在首位，致力于减贫脱贫，努力保障和改善民生。尤其是党的十八大以来，以习近平总书记为核心的党中央，坚持以人民为中心的发展思想，实施精准扶贫、精准脱贫基本方略，扎实有效推进减贫行动，坚决打赢脱贫攻坚战。现行标准下的农村贫困人口，从2012年年底的9 899万人减少到2019年年底的551万人，贫困县从832个减少到52个，再到2020年我们已经完成了消除绝对贫困的目标。

随着近年来新一代信息技术的飞速发展，以2014年电子商务扶贫被纳入国家精准扶贫十大工程为代表，在政府政策的有效引导下，各大互联网公司与科技企业纷纷投入脱贫攻坚工作，充分发挥自身技术优势，将云计算、大数据、区块链等新兴技术与业务开展有机融合，助力精准扶贫与数字乡村建设。其中，云计算扶贫是近年来出现的一种创新扶贫方式，与大多数直接开展贫困工作的扶贫方式不同，它主要提供一种计算服务，提升相关新兴技术扶贫工作成效，从而间接地助力扶贫工作更好开展。

一、云计算技术概述

云计算作为目前主流的一种基于网络提供的计算服务供给方式，促进了IT资源的规模化与集约化，实现了IT资源的“按需分配”和“按实际使用量计费”，对广大的企业和组织机构产生了巨大的影响。云计算根据部署方式的不同可以分为私有云和公有云。其中，私有云是被某单一组织拥有或租用，可以坐落在本地或异地的云基础设施；公有云是被某个提供云计算服务的运营组织所拥有的云基础设施，该组织将云计算服务销售给一般大众或广大的中小企业群体。

二、云计算助力精准扶贫

（一）精准扶贫

2013年11月，习近平总书记在湖南省湘西州花垣县十八洞村考察时首次提出“精准扶贫”的理念，对扶贫对象实施精细化管理，对扶贫资源实行精确化配置，对扶贫对象实行精准化扶持，确保扶贫资源真正用在扶贫对象身上，真正用在贫困地区。云计算的特点之一就是依托强大算力做到更加精准，非常适合开展精准扶贫工作。

1. 识别精准

国家统计局数据显示，2015年年底我国农村贫困人口数量为5 575万人，贫困发生率为5.7%，相当于每18个人中就有1名贫困户。实施精准扶贫，首先要做的就是将贫困人群从众多人口中准确地识别出来。例如，黔东南苗族侗族自治州天柱县研发了“智慧扶贫云”，利用云计算、大数据等互联网技术，以贫困户身份证号码为匹配关键字，自动关联扶贫、财政、民政、移民、教育、农业、住建、卫计、残联、合医、文化、公安等部门有关建档立卡贫困户的信息数据，将农村低保、易地扶贫搬迁、养老保险、特惠贷贴息、农机补贴、农业直补、医疗救助、教育扶贫、危改补助、生态补偿、文化补贴等数据互联互通，将每个贫困户所获的各项政策扶持资金以清单形式列出，自动比对户籍信息，有效提高了精准扶贫建档立卡数据精准度，实现了贫困户数据精准和共享。同时，将每个贫困户的具体情况、帮扶过程动态管理情况以表格、数据、图片等形式直观精准地体现出来。

2. 资金精准

利用云计算、大数据等先进技术建立扶贫资金在线监管系统，确保资金精准发送，实现对扶贫资金的流向、流量和流速进行全方位监督。其中，流向监督主要是运用工商登记、养老保险、医保、税收、车辆、住房等数据，对建档立卡贫困户、低保户进行精准识别；流量监督主要是对银行反馈到账数据与乡镇填报的应发数据进行比对，确保应发尽发、足额到位；流速监督主要是动态监控资金分配、审批、下达全过程运转时效，确保资金及时发放到位。为及时从系统中发现资金问题节点，按照“共性+个性”思路和各类扶贫资金管理办法要求，通过设置预警规则、预警阈值，按预警级别对资金项目申报、审批、下达等环节进行实时动态查验。

3. 帮扶精准

通过云计算、大数据技术核查建档立卡贫困户信息和资金发放信息是否准确无误。对于在城市务工获取社保、购买房屋、拥有车辆或成立公司等可能已经脱贫人员，经核对查实后，将其从建档立卡贫困户名单中移出并做相应处理；对于未准确发放或者核实为冒领、骗领的，纪委将根据程序将其移送司法机关。例如，福建省扶贫云系统上线2年来，发现低保对象异常信息10 176条，由省民政厅分类核实身份信息，确定继续保障对象4 337人，延保渐退2 147人，取消退保3 692人。以每位低保户每月300元计算，每年将节省财政资金2 000多万元，大幅提高了政府公信力和群众满意度。[1]

（二）产业扶贫

授人以鱼不如授人以渔。贫困地区要想脱贫致富，既要扶持本地产业实现可持续发展，又要善用新兴技术创新扶贫方式。得益于云计算等新兴技术的快速发展，直播带货已成为电子商务扶贫的新模式。在云计算优化网络服务的基础上，直播带货解决了传统网络购物直观体验较差的问题，并借力购物娱乐属性的线上化而实现互动，消费者不仅可以主动选择商品，还可以选择由谁来向自己推销和陪伴购买过程，购物体验得到了极大提升。网络直播因消费者的主动选择而具有明显的流量聚集效应和互动的正反馈机制，使消费者切身感受到其他众多买家的购物意愿，从而营造出集体购物的热烈场景。

新冠肺炎疫情期间，以直播带货为代表的农村电商精准营销作用突显。截至2020年3月30日，在淘宝直播中，与农产品相关的直播达到140万场，覆盖全国31个省（自治区、直辖市）、2 000多个县域，带动6万多新农人加入。目前我国农村网民数量已突破2.5亿，网购成为农民生活的常态，直播带货也吸引了越来越多的农民、青年、创业大学生选择扎根农村、扎根农业。2020年5月11日，中国就业培训技术指导中心发布了《关于对拟发布新职业信息进行公示的公告》，拟增10个新职业，包括在互联网营销师职业下增设直播销售员工种，直播正式成为一种新的职业，也成为我国精准扶贫又一创新扶贫方式。

[1] 胡波：《“大数据＋云计算＋微服务”在福建省精准扶贫中的应用》，计算机应用系统，2020（5）：96-104。

三、云计算助力扶贫的未来展望

2020年之后，我国扶贫工作重点将从消除绝对贫困转向解决相对贫困。贫困问题在一定时期内仍将存在，依然面临许多挑战，这就要求我们要不断地将新的技术融合应用到扶贫工作中，持续探索新的扶贫模式。政府非常重视包括云计算在内的新一代信息技术在脱贫攻坚和促进农业农村快速发展中的能动和带动作用，在《数字乡村发展战略纲要》等一系列重要政策文件中均对如何利用云计算进行了重点阐述，如在《数字农业农村发展规划（2019—2025年）》中明确提出要构建覆盖中央、省、市县农业农村部门的国家农业农村云，以更好实现农业农村数据共享，提升政务系统计算存储能力。同时也应看到，无论是建设云平台还是大数据中心，更多的作用在于建设新型数字基础设施，最终的成效如何，主要还是取决于应用这些新型数字基础设施的能力。

提高利用云计算扶贫的成效，除了依靠云计算技术本身的迭代发展外，还可以从两个方面入手。

一是寻找适用的应用场景。例如，可以建设“云端农场”。将现实中的农场“上云”，按照规格把农场分成若干份，供消费者认领，使消费者能够通过摄像头在家中实时观看到农田的生长情况，待瓜果蔬菜成熟后再快递到消费者手中。随着云计算技术的不断发展，技术的成本不断降低，为寻找合适的扶贫应用场景创造了有利条件。

二是提升应用数字技能水平。技术的不断发展对应用技术的人提出了更高的要求，这就尤其需要加强对基层人员的培训，通过集中培训、专家下乡、在线课堂等多种方式学习，不断提升基层人员的应用数字技能水平。云计算扶贫是我国在精准扶贫工作中创新出的一种扶贫方式，在实践中取得了良好的扶贫成效，积累了一定的成功经验，未来随着云技术的不断发展，应用场景将进一步拓展，应用技能也将持续提高，一定会涌现出更多的云计算扶贫模式和扶贫案例，从而更加有效地助力精准扶贫，实现乡村振兴。

第四节 物联网与农村扶贫脱贫发展

一、物联网概述

物联网（The Internet of Things，IoT），即万物相连的互联网，是新一代信息技术的重要组成部分，又被称为泛互联，意指物物相连、万物万联。由此，物联网就是物物相连的互联网。这里有两层含义：

第一，物联网的核心和基础仍然是互联网，是在互联网基础上的延伸和扩展的网络；

第二，其用户端延伸和扩展到了任何物品与物品之间，进行信息交换和通信。

因此，物联网的定义是通过射频识别、红外感应器、全球定位系统、激光扫描器等信息传感设备，按约定的协议，把任何物品与互联网相连接，进行信息交换和通信，以实现对物品的智能化识别、定位、跟踪、监控和管理的一种网络。[1]

二、物联网在农牧领域的应用

农牧物联网利用感知技术与智能装置，对生产环境状况、个体身份认证、体征状况、生长指标、生产活动、能源消耗等进行感知识别，并通过网络传输，进行数据互联计算、处理和知识挖掘，实现人、设备、动植物、环境之间的信息交互，以对种养殖进行实时控制、精确管理和科学决策。

农牧物联网细分领域较多，主要有物联网平台、智能穿戴设备、智能饲喂设备、智能环控设备和智能监测设备等。

---

[1] 晨曦：《说说物联网那些事情》，今日科苑，2011（20）：56-61.

（一）物联网平台

物联网平台重点解决个体识别、情景感知、异构设备组网、多源异构数据处理、知识发现、决策支持等问题。物联网平台定位于“IaaS”（Infrastructure as a Service，基础设施即服务）层和“PaaS”（Platform as a Service，平台即服务）层，是一个物联网信息服务的集合，主要包括以下三个方面。

1. 连接服务

将各类通信资源接入并汇聚，以及进行网络接口之间协议的转换，包括大量的物联网软硬件设备、各类相关信息应用系统、网络资源、各类数据接口、软件功能模块等资源。

2. 技术服务

为用户提供大数据、云计算、边缘计算、人工智能的计算服务和数据库云存储服务。

3. 数据服务

实现系统间数据交互，实时整合数据分析工具，对外输出大数据应用。

北京农信互联科技集团有限公司（以下简称“农信互联”）打造了“猪小智”，作为智能化养猪设备的超级连接器，连接市面上所有的猪场监控、饲喂、环控、检测等设备，实现设备一键接入，帮助猪场快速拓展设备连接能力，并提供设备管理、预警服务，使猪场管理自动化、智能化；对系统采集的多维数据进行存储与智能分析，形成最佳决策，指导猪场生产。与细分领域的解决方案提供商（如单纯的软件、音视频解决方案、物联网设备等）相比，猪小智提供的是组合拳的解决方案，能够帮助用户实现整体效能的提升。

（二）智能穿戴设备

广义的畜禽智能穿戴设备包括电子耳标这种只作身份认证的设备和能够测量其他特征的穿戴设备（狭义的智能穿戴设备）。这里重点探讨后者，这类设备类似于人的智能手环、智能眼镜、智能手表等，一般佩戴在畜禽的耳朵、脖子、四肢或者尾巴上。这类设备除了能够认证畜禽的身份外，还可以随时感知畜禽的体温、心率、活动量等生理信息和位置信息，并实时上传到服务器。系统通过相关的算法对这些数据进行处理，得到畜禽的发情、疾病、采食量、活动量等信息。

畜禽智能设备及其管理系统的核心技术包括两方面：一是智能穿戴设备的集成度，即集成各种感知、传输、供电设备和技术的能力；二是人工智能算法，即将设备和技术与具体的生产场景相结合，对生产中各种场景、各种事物的特征进行提取、描述、还原及控制的能力。

上海睿畜电子科技有限公司的电子医生是一款戴在猪耳朵上的智能设备，该设备可以探测猪的体温和活动量等体征数据，通过射频技术将数据实时发送到猪场的接收器上。睿畜开发了一套人工智能算法，可以基于体征数据预测猪的排卵期和疾病，因此，能够精准预测最佳的配种时间，减少母猪的空怀期，从而大幅度提高猪场的PSY[1]。

（三）智能饲喂设备

随着现代科技的发展，养殖场的饲喂方式逐渐由传统的人工给料、自动化饲喂向智能化饲喂发展。智能化饲喂设备不仅可以减少劳动力，还可以提升管理水平，降低饲料成本。以母猪电子群养饲喂系统为例，通过无线射频识别技术对电子耳标进行识别，通过中央处理器识别母猪个体档案，进而制订饲喂计划，实现精确的个体饲喂，有利于妊娠母猪个体膘情的控制。与传统的饲喂方式相比，母猪电子饲喂站有节省劳动成本、减少饲料运输过程污染、减少饲料浪费、提高精准饲喂管理水平等优点。母猪电子饲喂站设备在国外较为成熟，由于我国起步较晚，国内研究机构较少。另外，这种设备适用于群养模式，而我国规模化猪场大多采用单体限位栏饲养母猪。因此，目前母猪电子饲喂站设备在我国规模化猪场应用较少，但正逐渐地被广大养殖户认可，普及范围将越来越广。

---

❶ PSY是指每头母猪每年能提供的断奶仔猪头数，是衡量猪场效益和母猪繁殖成绩的重要指标。计算方法：PSY＝母猪年产胎次×母猪平均窝产活仔数×哺乳仔猪成活率。

深圳市慧农科技有限公司根据中国猪场生产管理实际现状研发了小型母猪电子饲喂站，采用25头小群饲养，实现母猪精准饲喂和膘情控制，群养模式下大量运动能够降低母猪难产的概率，减少肢体病，提高猪群健康率。同时，与国外50头大群饲养相比，小群饲喂站具有安装、使用与维护更便捷，减少猪只追尾打架，批次化生产管理更简单，一次性投资成本低等优点，适用于基础母猪为2 000头以下中小规模的猪场群养方案。

北京探感科技股份有限公司的“省饲儿”养猪机器人采用粥料饲喂，饲料适口性好，降低了保育猪断奶应激，提高了育肥猪的采食效率，减少了饲料浪费。其另一个特点是全球首款没有按键、无须操作的智能饲喂设备，只要将设备固定好，水、电、料准备完成，不需要饲养员做其他操作即可以养猪。同时，饲喂器可内置环境指标传感器和猪只个体识别系统，感知猪只附近的环境状况和个体采食状况。

（四）智能环控设备

在过去，管理者要获取环境数据，需要先由生产者进行统计，再将统计结果上传到网络；或者定期将设备取出，再导入电脑。但通过物联网，只需要对每个猪舍联网，就能够实现舍内环境数据的即时上传，实现人与物的直接对话，进而实现联网后的自主决策，可谓是给动植物装上了“智能家居”。

一般来说，通过各种传感器采集养殖场或农田内与动植物生长密切相关的环境参数，与预设值进行自动比较，当超过预设值上下限或断电时，系统会自动报警，并通过短信或电话通知管理员；系统也可自动采集各类设备的性能和运转数据，便于管理人员进行维护与保养。同时，配套开发的PC端和手机端App，让用户可以远程查看即时数据。笔者在调研中发现，大多数国外企业提供的设备不对用户开放后台数据，而国内企业则抓住了种植养殖户对数据的需求，纷纷开始向无线传输、云端存储转型。

江苏普立兹智能系统有限公司的SGC农场微管家系统基于移动互联

网、物联网、云计算技术，对猪舍环境进行实时监测，采集舍内的温湿度、光照、风速、二氧化碳、氨气、气压等环境参数，通过智能控制器把采集到的数据实时传输到物联网平台上，出现环境异常和断电情况时立即报警，对异常环境进行自动调控，对历史环境进行查询分析。手机软件搭建在微信平台上，无须下载，使用便捷。

（五）智能监测设备

农牧智能监测设备主要包括智能巡检机器人、便携式智能监测设备等。

智能巡检机器人比较常见的方案是铺设轨道，轨道上安装巡检机器人，机器人装有摄像头、传感器、生物雷达等，定时沿轨道滑动，在巡视的过程中将数据实时上传到云端，发现异常情况会向管理员发出预警。智能巡检机器人能够代替工作人员对环境进行24小时不间断的巡查，能够大幅减少工作人员的工作量，并提高对异常情况的排查效率，也有利于畜禽养殖提高生物安全水平。

便携式智能监测设备主要用于动物发情识别、怀孕识别、疾病诊断、精子检测、个体素质辅助检测等，主要包括电子耳标和阅读器、智能B超仪、发情监测仪、智能背膘及眼肌测定仪、精子分析仪、智能体温计、呼吸心跳侦测仪等设备。这类设备大多携带轻便，操作便捷，结果自动传输到终端或云端，极大地提高了养殖场的生产效率。未来这类小型设备的发展趋势是设备设计轻量化，提高操作便捷性、维护简便性、网络传输稳定性和识别结果准确率，同时兼顾与其他各类设备的集成、协同以及与各类软件、云平台的连接、整合。

杭州海康威视数字技术股份有限公司基于其视频技术，将业务延伸到智慧农业，与农信互联联合打造猪场的智能监控体系。通过布置于猪场出入口、进猪通道、出猪通道、栋舍内部、出猪台、消毒点、消毒通道、饲料加工间等位置的摄像头，可实现对外来车辆、外来入侵动物、运猪车、工作人员、病死猪、活猪等物体的监测、识别、行为预警、事件报警等功能，并对区域内的消毒过程、车辆路线、人员行为、猪只动态等进行综合分析，将事件相互关联，可追溯事件起因，出具风险评估报告。通过区域内的视频监控，对异常事件进行主动预警：人，智能识别人在猪场内的行走路线，规范员工行为；猪，智能识别猪群的流动路线，如转群、出栏、死亡等；车辆，智能识别车辆信息，获取车辆是否洗消、转运、装猪台等信息；场区，智能识别侵入猪场的外来动物，如猫、狗等中间宿主。

北京索诺普科技有限公司开发的智能背膘仪、智能B超测孕仪等手持设备，致力于为用户提供更加宽广、清晰、精确的成像与测量解决方案。背膘厚度是母猪繁殖性能的重要指标，智能背膘测定仪可通过蓝牙接口实现对母猪背膘数据的准确采集；结合电子耳标读取功能，可实现背膘数据绑定，通过将这些数据上传到手机、平板电脑等终端，降低背膘数据记录、统计的错误率，提高工作效率。智能B超测孕仪通过与Wi-Fi连接，检测母猪是否妊娠，及时检出未孕母猪，减少母猪“非生产日”，提高经济效益。

三、物联网助力科技扶贫

物联网扶贫与农业产业相结合，可以有效发挥各方优势，助力精通传统农业作业的小而散的农户融入农业产业生态，且不需要对农户的能力和投入做超范围的要求，从而使农户轻松享受到农业社会化服务，既可以得到生产效率提升的实惠，也可以享受到产业发展的红利，进而实现贫困农户收入的可持续增长，达到科技扶贫“造血”式扶贫效果。

（一）扶贫模式

以物联网的方式开展的科技扶贫，往往需要联合多方力量参与，最终不仅可达到科技扶贫效果，实现“造血”式扶贫，还可以促进当地产业发展和数字化升级（见图6-1）。

这种扶贫方式往往应用于当地已有产业，当地政府提供产业发展政策，扶贫资金、担保或贴息贷款等；物联网平台提供从买到卖的产业链

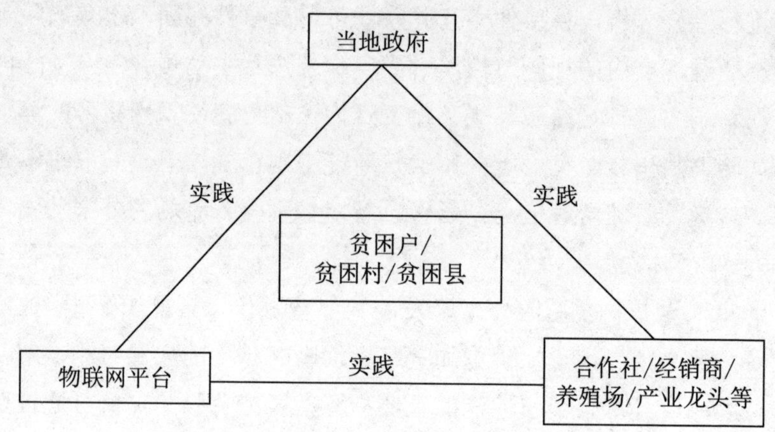

图6-1 以物联网的方式开展科技扶贫示意图

服务，包括生产过程管理工具，形成数据分析，进而指导生产与当地产业发展，同时提供扶贫过程数据记录与监测服务等；当地第三方组织，如合作社、畜牧产品经销商、养殖场或者畜牧龙头企业等，可组织小而散的农户，提供生产管理、养殖技术服务等。

贫困户可以以多种方式参与产业。例如，由政府或者其他部门向农户提供的扶贫资金，可折算为股份投入养殖场，贫困户享受分红；集中购买生产投入品，农户负责养殖过程，直接获取养殖收益；到已有养殖场打工，获取劳动收入。

（二）扶贫案例——“猪联网”扶贫

农信互联已初步建成以“数据＋电商＋金融”为底层的农业数字生态平台。“农信数据”利用互联网、物联网、云计算、大数据、人工智能以及现代先进的管理理念，为涉农企业及农户打造农业智慧管理平台。“农信商城”建立产业闭环交易平台，解决交易链条过长、产品品质无法保证、交易成本居高不下、交易体验差等问题。“农信金服”以农信数据、农信商城积累的大数据为基础，依托自主开发的资信模型，形成普惠制的、可持续的产融结合及金融科技新体系，涵盖征信、贷款、保险、理财、保理、融资租赁等多种金融服务。

在企业数字化升级的核心引擎“企联网”基础上，农信互联立足生猪产业，打造生猪产业数字生态平台“猪联网”，包括猪管理（猪场SaaS）、猪小智（猪场AIoT）、猪交易（投入品采购＋生猪销售＋网络货运）、猪金融（产业金融）、猪服务（在线问诊、行情资讯、猪场大脑）五大核心体系，为生猪产业提供全方位的智能化服务。同时，打通生猪产业链上下游，提供面向上游饲料企业的“饲联网”“药联网”、面向中间商和零售商的“企店”、面向屠宰食品企业的“食联网”，开创数字经济时代的智慧养猪新生态。在成功打造“猪联网”的基础上，持续发力“田联网”“渔联网”“蛋联网”，将产业互联网的触角不断延伸到涉农各产业。农信互联还与重庆忠县政府合作成立了“柑橘联网”，为杞县政府开发了“大蒜联网”，为东阿阿胶开发了“驴联网”，为北大荒垦丰种业开发了“玉米联网”，此外还开发了内蒙古“土豆联网”、东北“狐狸联网”等项目。

截至2020年11月，“猪联网”平台已聚集了超过5万个专业化养猪场，服务339万专业涉猪人群，覆盖生猪超过6 000万头，是国内服务养猪户较多、覆盖猪头数规模较大的智能养猪服务平台。农信商城上生猪及投入品的产业闭环交易超过1 500亿元。农信金服为农业产业链上下游用户提供征信、贷款、保险、融资租赁、保理、理财、结算支付等金融服务累计超过3 000亿元。

农信互联利用自身核心产品“猪联网”构筑的生猪产业生态优势，以持续增加农民收入为核心，以发展高效、优质、安全和外向型现代畜牧业为目标，联合地方政府及企业，以“猪联网”为抓手，开展产业精准扶贫工作，既可以帮助当地完成脱贫攻坚任务，又可以带动当地畜牧产业的持续发展（见图6-2）。

首先，由“猪联网”平台引进优质种苗，统一种苗采购，统一喂养管理，统一药品监管，统一产品管理，统一产品收购，建立符合当地特色的统购统销方案，农户按照第三方操作规程，用物联网平台管理生产过程，提高养殖成绩；通过“猪联网”记录生产过程数据，如喂料、配种、防疫等，“猪联网”大数据平台为养殖户提供实时、精准的生产过程指导、操作预警提醒，降低了过程管理成本，提高了生产效率。

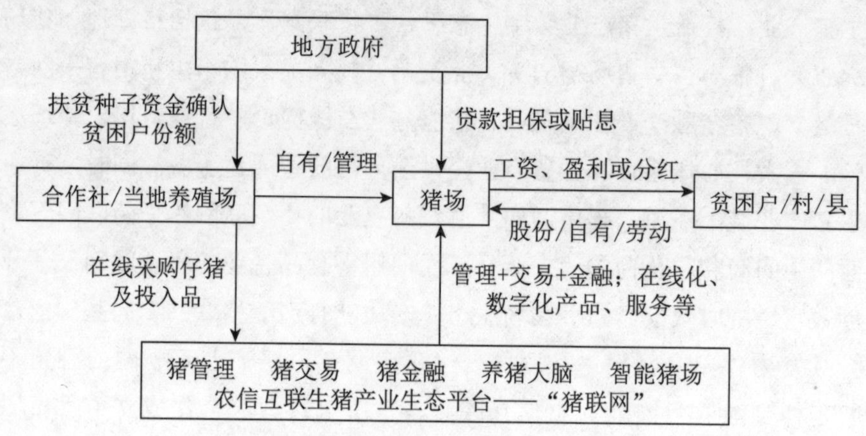

图6-2 农信互联“猪联网”扶贫示意图

其次，基于生产管理的大数据，“猪联网”平台为每个农户个体提供精准的产业金融服务。利用养殖户在“猪联网”平台上积累的养殖过程数据，后台大数据风控形成征信报告，开展产业金融信用贷款、融资租赁、保理、保险等金融服务，帮助贫困户解决购种苗、购饲料等资金短缺难题。当然，当地政府也可通过“猪联网”平台为养猪户提供持续的金融支持，不仅可监管扶贫资金使用情况，还可保障资金安全。与此同时，“猪联网”平台通过数据优势，联合保险公司推出重大疫病险、生猪价格险等，用保险帮助养猪户规避养殖风险。

最后，“猪联网”的线上交易平台可以提供实时生猪交易数据，结合农户自身情况，指导农户在合适时机出栏获取更佳的养殖利润。同时在屠宰、加工环节，“猪联网”平台利用全产业管理优势，进行全程数据记录、追溯，为菜篮子工程、学校、宾馆等消费端提供安全、放心的猪肉。

贫困户通过“猪联网”平台的生产管理、交易、服务和供应链金融等，实现养殖、交易、流通全过程的在线化、数据化，最终形成产业链大数据体系，实现全程可追溯、可监控，确保食品安全，实现扶贫、生态、安全、可追溯等全方位、一体化产业链。

2017年，农信互联联合四川天王牧业先后在四川省达州市达川区双庙镇、石桥镇、金垭镇、渡市镇等地方开展以“猪联网”和养猪场为依托的精准扶贫。直接帮扶建卡立档贫困户1.2万户，辐射带动11.2万农户养殖生猪脱贫增收1 000万余元。天王牧业2018年主营产品饲料、生猪、冷鲜肉实现销售收入4 561.31万元，带动农户31 210户，其中贫困户16 596户，户均增收11 300元，辐射带动农户11.20万户，新增务工就业岗位12万余个。天王牧业2019年主营产品饲料、生猪、冷鲜肉实现销售收入31 959元，带动农户27 960户，其中贫困户16 250户，户均增收14 500元，辐射带动农户13.30万户，新增务工就业岗位13万余个。

2019年，农信互联联合贵州科普园科技有限公司在贵州省福泉市开展以“猪联网”和科普园为抓手的精准扶贫项目。在项目所在地陆坪镇带动贫困户98户、贫困人口253人脱贫。贫困户脱贫增收总额101.2万元，已脱贫贫困户增收总额303.6万元，实现已脱贫贫困户人均可支配收入1.2万元，并为87个贫困户提供就业岗位。

四、物联网扶贫兴农发展建议

（一）加大政策扶持力度

支持物联网扶贫项目，实施一批有重大影响的物联网扶贫或助农项目，建设一批国家级智能农业示范基地，强化示范项目的带动作用；加大对农牧业购置物联网设备的补贴力度，将部分农牧物联网设备纳入农机购置补贴目录；对助农领域进行关键技术研发的重点企业或机构，按照设备购置、研发投入等实际费用支出的一定比例给予补贴。

（二）强化企业融资支持

针对物联网扶贫中产业一次性投入大、回本周期长的情况，地方政府可为物联网扶贫参与方提供贷款、贴息、担保、保险等支持。鼓励商业银行等金融机构加大对物联网农牧产业扶贫相关企业融资的支持力度，开发符合这类企业特征的信贷产品，进一步优化风控管理流程和服务模式，加快审批速度，增加信贷额度；支持企业运用知识产权质押贷款、股权贷款、应收账款质押贷款、债券融资等多种形式的融资手段开展融资，支持研发能力强的企业上市融资；发展物联网扶贫专项基金，整合社会资本、资源，培育优质项目，发掘新技术、新产品、新模式。

（三）加强复合型人才培养

鼓励企业与高校加强开展人才定向培养、联合培养等多种形式的合作；支持部分高水平农科院校开设物联网研究与培训中心，加大博士、硕士等高水平人才和职业技能型人才的培训；鼓励自动化、人工智能等学科加强与种植、养殖等农学专业的融合互动，通过辅修学位、双学位、联合培养等方式鼓励学生自我拓展；支持高校和科研机构搭建综合性平台，鼓励研究人员进行交叉学科研究和应用交流。

（四）构建行业标准体系

加快农业物联网、智能化相关标准的研究与编制，围绕当前阶段技术发展、融合创新和应用推广的需求，率先开展关键技术和领域标准规范的研究制定工作，统一农业物联网、智能化技术和接口标准。打通供应链，实现生产到供销一条龙，提升供应链效率，更有效地控制成本，提高市场接受度。

参考文献

[1]陈银娥.普惠金融发展视角下精准扶贫、精准脱贫的理论与政策研究[M].北京：经济科学出版社，2020.

[2]李强谊.教育与中国农村减贫[M].北京：社会科学文献出版社，2020.

[3]王森.中国教育扶贫政策实施效果研究[M].北京：中国社会科学出版社，2020.

[4]胡彬彬.产业脱贫研究[M].哈尔滨：哈尔滨出版社，2020.08.

[5]西部地区精准扶贫政策与实践[M].北京：中国社会科学出版社，2020.

[6]安树彬，于洋.陕西慈善与精准扶贫研究[M].西安：陕西人民出版社，2020.

[7]刘欣.国家精准扶贫政策的乡村执行[M].武汉：武汉大学出版社，2020.

[8]高强，刘烁然，栾永强，等."科技小院"助力通榆县脱贫攻坚模式探索与实践[M].长春：吉林科学技术出版社，2020.

[9]张涛，姚慧芹.新时代中国精准扶贫模式与创新路径[M].北京：中国社会科学出版社，2019.

[10]喻新安，杨保成.深度贫困地区金融扶贫创新研究[M].北京：社会科学文献出版社，2019.

[11]吴一平，乔鹏程，刘向华，等.精准扶贫脱贫战略模式研究[M].北京：中国农业出版社，2019.

[12]陈治松.助力脱贫攻坚 校园携手田园[M].贵阳：贵州人民出版社，2019.

[13]尹华光，蔡建刚.乡村振兴战略下张家界乡村旅游高质量发展研究[M].成都：西南交通大学出版社，2018.

[14]时锦雯，蒋周凌.教育扶贫脱贫研究[M].北京：线装书局，2018.

[15]邵凯，董传升.从“脱贫攻坚”到“返贫阻断”：我国体育产业助力精准扶贫的机制创新[J].沈阳体育学院学报，2021，40（1）：109-115.

[16]孙玉丽.“互联网金融”助力辽宁省农村精准扶贫研究[J].商讯，2021（3）：73-74.

[17]万宏.论习近平总书记扶贫思想中的科学方法论原则[J].攀枝花学院学报，2021，38（1）：22-27.

[18]苏芳，刘钰，李彬.后脱贫时代教育扶贫长效机制构建的探讨[J].武汉科技大学学报（社会科学版），2021，23（2）：182-187.

[19]张治国，沈玮玮，王靖宇，等.脱贫攻坚背景下湖南省贫困人口及扶贫措施的分析[J].卫生软科学，2021，35（1）：3-6.

[20]谭江华.后脱贫时代推动金融扶贫高质量发展研究[J].理论探讨，2021（1）：99-104.

[21]安冉，谢永强，张琪悦，等.“互联网＋”下贫困代际传递的新思考——运用远程教育技术精准扶贫[J].科学咨询（科技·管理），2021（1）：84-85.

[22]谢小芹，姜敏.乡村振兴背景下精准扶贫多元协同及长效机制构建[J].河北经贸大学学报（综合版），2020，20（4）：66-72.

[23]胥英明，于金辉.后脱贫攻坚期健康扶贫中社会支持网络构建的分析[J].山西农经，2020（24）：10-12.

[24]王瑛.后脱贫时代教育扶贫行动——对教育扶贫过程与结果的教育哲学思考[J].青海教育，2020（12）：18.

[25]杨培涛，彭锴，高甜，等.农村金融扶贫的现实困境及对策研究——基于慈利县的农户调查[J].金融经济，2020（12）：82-86.

[26]张静雅，鲁捷.可持续生计下的贫困户精准脱贫策略研究[J].农村经济与科技，2020，31（23）：134-135.

[27]盘意文，雷婕.精准扶贫可持续发展问题探讨[J].农村经济与科技，2020，31（23）：145-147.

[28]卫圆杰.基于“互联网＋”的河南乡村智慧旅游发展探索[J].济源职业技术学院学报，2020，19（4）：16-21.

[29]王妍曦.精准扶贫的诗意表达——湖南省湘西土家族苗族自治州花垣县十八洞村脱贫纪实[J].当代兵团，2020（23）：46-47.

[30]韦晨.“互联网＋”时代乡村旅游的可持续发展路径探讨[J].旅游纵览，2020

（23）：68-70.

[31]李薛霏.网络扶贫催生精准脱贫新动能[N].贵州日报，2020-12-07（10）.

[32]刘文.旅游反贫困作用之争——关于旅游扶贫效应问题的研究综述[J].江苏农业科学，2020，48（23）：6-13.

[33]高琪.“网络＋”助力决战决胜脱贫攻坚——网络扶贫案例精选[J].大数据时代，2020（11）：58-63.

[34]本刊评论员，华姝.金融扶贫成脱贫攻坚强劲引擎[J].当代贵州，2020（46）：1.

[35]韩嵩，王洋，李海峰.脱贫攻坚与乡村振兴齐抓共进——基于驻村扶贫工作实践的分析与思考[J].辽宁经济，2020（11）：20-21.

[36]韩剑尘，张向林.乡村振兴背景下高校助力贫困村脱贫实践——以安徽理工大学帮扶安徽省临泉县王香铺村为例[J].安徽农学通报，2020，26（21）：1-2，53.

[37]龙宝正.产业扶贫是稳定脱贫的根本之策[J].北京观察，2020（11）：36-38.

[38]电力精准扶贫 照亮脱贫攻坚路[J].农电管理，2020（10）：8.

[39]李钜生.产业扶贫是决胜脱贫攻坚的关键[J].广东蚕业，2020，54（9）：122-124.

[40]詹宇.网络编织金色梦——黑龙江联通实施“互联网＋能力”助力定点扶贫饶河县脱贫奔小康纪实[J].通信管理与技术，2020（4）：32-34.

[41]本刊评论员.加强扶贫资金监管保障决战决胜脱贫攻坚[J].山西财税，2020（7）：1.

[42]金哲娇，冯梦茹.我国精准扶贫多元主体协同脱贫对策研究[J].现代商贸工业，2020，41（15）：6-7.

后记

不知不觉间，本书的撰写工作已经接近尾声，笔者颇有不舍之情，因为本书是笔者在研究我国扶贫脱贫数年后投入大量精力与进行数据调研后完成的一部作品，倾注了笔者的全部心血。但是想到本书的出版能够为解决贫困问题提供一定的帮助，为振兴贫困地区贡献力量，笔者颇感欣慰。同时，本书在创作过程中得到了社会各界的广泛支持，在此表示深深的感激与感谢！

按照习近平总书记提出的精准扶贫战略思想和全面建成小康社会目标的战略部署，本书遵循从理论归纳到实证研究的基本思路，坚持从我国扶贫实际出发，立足大量调查研究，坚持宏观与微观相结合，通过案例剖析、归纳总结等方法，较系统地讨论了该课题。

扶贫脱贫非一时之功，需要全社会的支持和一代又一代工作者的不懈努力。笔者在此期待我国未来能够真正实现全民富裕。

感谢在本书撰写过程中给予笔者帮助的各位好友与同僚，因为有了他们的不懈努力与精益求精的专业精神以及对于笔者的鼓励，才使得本书最终成书，呈现在读者面前。由于笔者水平有限，书中难免存在不足之处，希望得到各位同行及专家的批评指正。

周　翠

2021年3月